AF494008

CABINET CHOISI

OU

CATALOGUE

D'UNE COLLECTION

DE LIVRES

Fort curieuse en toutes sortes de facultés & langues.

Dont la Vente se fera à l'amiable Lundi 21 Mars 1768 & jours suivans depuis huit heures du matin jusqu'au soir.

Les Prix seront marqués sur chaque Livre.

A PARIS,

Chez DAVIDTS, Libraire, Quai des Augustins, à l'Image Saint-Jacques.

M. DCC. LXVIII.

THEOLOGIE.

ECRITURE SAINTE.

Textes & Versions de l'Ecriture Sainte.

1 BIBLIA Polyglotta Waltoni cum Lexicon Castelli. *Lond.* 1657. 8 *vol. in-folio*, *vel.*

2 Biblia Hebraica ex édit. Vander-hooght. *Amst.* 1705. *in-8.*

3 Vetus Testamentum secundum LXX. Gr. Lat. *Paris.* 3 *vol. in-fol.*

4 Liber Psalmorum Davidis ex Arabico idiomate in latin. translatus. *Romæ.* 1614. *in-4.*

5 N. Testamentum græcum. *Lut. R. Steph.* 1546. *in-12.*

6 Idem. *Lutetiæ*, *R. Steph.* 1549. 2 *vol. in-12. m. r. lv. r.*

7 Idem. *Paris. R. Steph.* 1568. 2 *vol. in-12. m. r.*

8 Idem. *Lugd. B. Elzev.* 1624. *in-12.*

9 Idem. *Lugd. B. Elzev.* 1641. *in-8.*

10 Idem *ex Officina Crispiana. in-12.*

11 Idem. *Paris. è typogr. r.* 1646. *in-folio. d. s. t.*

12 Idem. studio Gregorii. *Oxon.* 1703. *in-folio.*

13 N. Testamentum Gr. & Lat. ex édit. Walæi. *Lugd. B.* 1653. *in-4.*

14 Idem ex versione Erasmi. *Lugd. B.* 1605. *in-folio.*

15 Biblia Sacra cum interpretat. D. Hyeronimi. 2 *vol. in-folio.* *C. M. sans date ni lieu d'impression.*

16 Biblia Sacra, *Venet. Juntas.* 1611. *in-4. m. v.*

17 Biblia Sacra. *Paris. Colin.* 1641. *in-folio.*

18 Biblia Sacra. *Paris.* 1649. *in-folio.*

19 Biblia Sacra cum Duplici, translatione. Vatabli. *Salm.* 1583. *in-folio.*

20 Biblia Sacra cura & stud. Vatabli. *Paris.* 1744. 2 *vol. in-folio.*

21 Biblia Sacra. Vulg. édit. cum. not. chronol. hist. (Lancelot) *Paris. Vitré*, 1662, *in-folio.*

22 Biblia Sacra. *Lugd.* 1675. *in-folio.*

23 Biblia Sacra. *Col. Agrip.* 1697. 6 *vol. in-24.*

24 Psalterium Davidis & Libri sapientiales. *Lugd. Bat. Elzev.* 1653. *in-12. m. n.*

25 N.Testamentum *Paris. è typogr. r.* 1543. 2 *vol. in-12. m. r.*

26 N. Testamentum. *Paris. Martin.* 1662. *in-12.*

27 La Bible de Sacy, avec de courtes notes. *Brux.* 1721. 8 *vol. in-12.*

28 La Sainte Bible en latin & en françois, avec les commentaires de l'Abbé de Vence. *Paris* 1748 14 *vol. in-4.*

29 La Bible (par le Gros) *Col.* 1739. *in-12.*

30 La Bible de Mad. Guyon. *Cologne.* 1715. 20 *vol. in-12.*

31 N. Testament, par Amelotte. *Paris.* 1688. 8 *vol. in-4. m. v. d. de Tabi.*

32 N. Testament. *Mons.* 1688. 2 *vol. in-12. fig.*

33 N. Défense du nouveau Testament de Mons, contre le livre de Mallet, par Arnauld. *Cologne,* 1680. 2 *vol. in-8.*

34 De la Lecture de l'Ecriture Sainte, contre les Paradoxes de Mallet, par Arnauld. *Anvv.* 1680 *in-8.*

35 N. Testament, avec des reflexions. *Paris.* 1704. 4 *vol. in-8.*

36 Les mêmes. *Paris.* 1696. 8 *vol. in-12. m. r. l. v. r.*

37 La Bible de Desmarets. *Amst. Elzev.* 1669. *in-folio. gr p. m. c.*

38 La Bible, par le Cene. *Amst.* 1741. 2 *vol. in-folia. gr. p.*

39 La Biblia, que es los sacros libros del vieio nuevo Testamento, por de Valera. *Amst.* 1602. *in-folio. lv. u. b. d. s. t.*

40 Biblia Espanola. *Amst.* 1741. *in-8. m. n.*

41 N. Testament, par le Clerc. *Amst.* 1702. *in-4.*

Harmonie & Concordes Evangéliques

42 Le Roux, Concordia quatuor Evangelistarum. *Paris.* 1699. *in-8.*

43 Concorde des quatre Evangelistes, par le même. *Paris.* 1712. *in-8.*

44 Harmonie ou Concorde évangélique, par Toinard. *Paris,* 1716. *in-8.*

Histoires & Figures de la Bible

45 Histoire du vieux & nouveau Testament, par Royaumont. *Paris.* 1690. *in-8. fig.*

46 La même. *Paris.* 1696. *in-4. fig.*

47 La même. *Amst.* 1712. *in-folio, gr. p. fig.*

48 La même. *Paris.* 1733. *in-folio. fig.*

48 * Figures du Vieux & Nouveau Testament, gravées par Vanluyken. *in-folio. gr. p.*

49 Histoire du vieux & nouveau Testament. *Amst. Mortier.* 1700. 2 *vol. in-folio.*

50 Historia Starego y Nowego Testamentu. *Nancy.* 1761. *in-folio.*

51 Le Miroir de contemplation, fait sur la Vie, Mort & Passion de N. S. J. C. *Paris. in-8. Goth. m. v.*

52 Histoire sacrée en tableaux, par de Brianville. *Paris.* 1693. 3 *vol. in-12. fig.*

53 Les Peintures sacrées sur la Bible, par Girard, *Paris.* 1700. 3 *vol. in-12. fig.*

54 Physique sacrée de Scheuchzer. *Amst.* 1732. 8 *vol. in-folio.*

55 Discours sur la Bible, par Saurin. *Amst.* 1720. 6 *vol. in-folio. fig.*

56 Tableau du vieux & nouveau Testament, où sont représentés en 160 figures. *Amst. in-4.*

Interprêtes comment. & critiq. de l'Ecriture Sainte.

57 Capellorum notæ criticæ in V. Testament. *Amst.* 1689. *in-folio.*

58 Menochius, in S. Scripturam ex édit. Tournemine. *Paris.* 1719. 2 *vol. in-folio.*

59 Corn. à Lapide, in S. Scripturam commentaria. *Antv.* 1581. 10 *vol. in-folio.*

60 Explication du livre de la Genese & Job, par Duguet. *Paris.* 1732. 11 *vol. in-12.*

61 Lyra Prophetica Davidis, sive analysis critico-practica Psalmorum, Héb. & Lat. stud. Bythneri. *Lond.* 1669. *in-4.*

62 Jansenii, comment. in Evangelia. *Lovanii*, 1572. *in-f.*

63 L'Evangile expliqué selon les Saints Peres. *Paris*, 1698. 4 *vol. in-8.*

64 Jansenii, Paraphrasis in Psalmos. *Antverp.* 1614. *in-fol.*

65 Catena Gr. Patrum in Jobum Niceta. éd. Junio Gr. & Lat. *Lond.* 1637. *in-folio.*

66 Harduini, comment. in N. Testamentum. *Amst.* 1741. *in-folio.*

67 Explications de plus. Textes difficiles de l'Ecriture, par D. Martin. *Paris.* 1730. 2 *vol. in-4.*

68 Driessen, Meditationes in Sacram Apocalypsin. *Traj. ad Rhen.* 1708. *in-8.*

69 Remarques critiq. historiq. sur le nouveau Testament, par Beausobre. *La Haye.* 1742, *in.4.*

Traités des Rites Judaïques.

70 Seacchi, Thesaurus antiquitatum Sacro prophanarum. *Hag. Comet.* 1725. *in-folio.*

71 Relandi, Sacræ veterum Antiq. Hebræor. *Traj.* 1708. *in-8.*

72 La République des Hébreux de Cuneus, par Georée. *Amst.* 1705. 3 *vol. in-8.*

73 Antiquités Judaïques, par Basnage. *Amst.* 1713. 2 *vol. in-8.*

74 Bocharti, Opéra edent. Leusden & de Villemandy. *Lugd. B.* 1712. 2 *vol. in-folio.*

75 Spenceri, de Legibus Hebræorum Ritualibus *Hag. Com.* 1686. 2 *vol. in-4.*

Concordances & Dictionnaires de la Bible.

76 Tromnii, Concordantiæ græcæ. *Amst.* 1718. 2 *vol. in-folio. C. M.*

77 De Zamora Concordantiæ Bibliorum. *Romæ.* 1627. *in-folio.*

78 Concordantiæ Bibliorum. *Paris.* 1656. *in-4.*

79 Concordantiæ Bibliorum. *Colon. Egmont.* 1684. *in-8.*

80 Concordantiæ Bibliorum. *Lugd.* 1601. *in-4.*

81 Dictionnaire de la Bible, par Calmet. *Paris.* 1722. 4 *vol. in-folio. fig.*

Liturgie.

81 * Lectiones Græc. quæ ex SS. litteris in Ecclesia græca tempore divini officii per annum recitari consueverant. *Venet.* 1542. *in-4*

82 Missa Apostolica seu divinum sacrificium S. Petri, Apostoli Gr. Lat. cum Wilh. Lindani apologiâ pro eâdem Liturgia. *Antv. Plant.* 1589. *in-8. m. r.*

83 Missale Romanum. *Antverp.* 1621. *in-4.*

84 Rituale Romanum. *Antverp.* 1713. *in-8.*

85 Pontificale Romanum *Lutet.* 1664. *in-12.*

86 Pontificale Romanum. *Bruxell.* 3 *vol. in-8. m. r. fig.*

87 Breviaire Romain, latin & françois, par le Tourneux. *Paris.* 1688. 4 *vol. in-8. v. b. d. s. t.*

88 Breviarium Romanum. *Paris.* 1704. 4 *vol. in-12.*

89 Breviarium Concionatorum super festa totius anni aut. Tylkowsky. 1686. 2 *vol. in-4.*

89 * Breviarium Parisiense aut. D. D. Vintimile. *Paris.* 1736. 4 *vol. in-4. v. b. d. s. tr.*

90 Breviarium Rotomagense aut. D. D. de Tressan. *Rotom.* 1636. 4 *vol.* in-12.

91 Breviarium Ambianense aut. d'Orléans. *Amb.* 1746. 4 *vol. in-12. m. r.*

92 Breviarium Monasticum ordin. S. Benedicti. *Paris.* 1727. *in-8.*

93 Cæremoniale Episcoporum. *Romæ*, 1729 *in-4 m. b.*
94 Missale mixtum secundum regulam beati Isidiori dictum Mozarabes. *Romæ.* 1755. *in-4. br.*
95 Diurnale Romanum. *Antverp.* 1709. *in-8 m. v. à. d. t.*
96 Antiphonaire & Graduel Parisien. *Paris.* 1736. 8 *vol. in-12.*
97 Manuel du Chrétien. *Colon.* 1742, *in-12. m. n.*
98 Heures à l'usage de Rom. *sur velin. Paris. in-8. fig.*
99 Breviarium Colbertinum. *Par. Muguet. in-8. m. r. l. v. r.*
100 Traité de l'exposition du S. Sacrement de l'Autel, par *Thiers. Paris.* 1762. *in.12.*
101 Le même livre. *Paris.* 1677. 2 *vol. in-12.*
102 Explication des cérémonies de l'Eglise, par Deverre. *Paris.* 1709. 4 *vol. in-8.*

Conciles.

103 Traité de l'Etude des Conciles, par Salmon. *Paris.* 1724. *in-4.*
104 Conciliorum omnium tam generalium quam Provincialium. *Venet.* 1585. 5 *vol. in-folio.*
105 Conciliorum generalium Ecclesiæ Catholicæ. *Romæ.* 1628. 5 *vol. in-folio.*
106 Conciliorum collectio, per Labbeum & Cossartium. *Paris.* 1671. 18 *vol. in-folio.*
107 Conciliorum collectio regia maxima stud. Harduini. *Paris.* 1715. 12 *vol. in-fol.*
108 Acta Concilii Tridentini. *Paris. Calderis.* 1546. *in-8.*
109 Les Canons des Conciles de Tolede, recueillis par Vigor. 1615. *in-8.*
110 Notes sur le Concile de Trente, par Rassicod. 1700. *in-8.*
111 Eclaircissement de plusieurs difficultés touchant les Conciles généraux. *Amst.* 1737. *in-12.*
112 Revision du Concile de Trente, par Ranchin. *Paris*, 1660. *in-8.*
113 Le Bureau du Concile de Trente, par Gentillet. 1586. *in-8.*
114 Concilia Antiqua Galliæ ex edit. Sirmondi. *Paris.* 1629. 3 *vol. in-folio.*
115 De Divinis Apostolicis atque Ecclesiasticis traditionib. aut. Peresio. *Paris.* 1562. *in-8.*

Saints Peres.

116 Philonis Judæi, Opera Grece. *Paris.* 1557. *in-folio.*

117 Phil. Judæi, Opera Gr. & Lat. ex edit. Mangey. *Lond.* 1742. 2 *vol. in-fol. C. M.*

118 S Justini, Opera, studio Monachor. S. Mauri. *Paris.* 1742. *in folio.*

119 Opera S. Dionysii Areopagitæ cum scholiis S. Maximi & Paraphrasi Pachymeræ à Corderio. *Antv.* 1634. 2 *vol. in-folio.*

120 Clemens Alexandrinus ex edit. Potteri, Gr. & Lat. *Oxon.* 1715. 2 *vol. in-folio.*

121 Tertulliani, Opera cum observat, Rigaltii. *Paris.* 1675. *in-folio.*

122 Minucis Felicis Octavius cum integris notis Ouzelii *Lugd. Bat.* 1672. *in-8. v. f.*

123 Traité d'Origene contre Celse, par Bouhéreau. *Amst.* 1700. *in-4.*

124 Poëme de S. Prosper contre les Ingrats. *Paris.* 1650. *in-12.*

125 Gregorii Nazianzeni, Gr. & Lat. *Paris* 1630. 2 *vol. in-folio.*

126 Lettres de S. Ambroise, par le P. Duranti de Bonrecueil. *Paris.* 1741. 3 *vol. in-12. v. f.*

127 S. Augustini Opera cum vita & indicibus, per D. Delfau, &c. *Paris.* 1679. 11 tom. 8 *vol. in-folio.*

128 Augustini Meditationes Soliloquia & Manuale. *Col.* 1639. *in-8. m. r.*

129 Lettres de S. Augustin, traduit par du Bois. *Paris.* 1701. 6 *vol. in-8.*

130 Gregorii Magni Opera. *Paris.* 1705. 4 *vol in-folio. C. M.*

131 Les Morales de S. Gregoire Pape, sur le livre de Job, trad. par de Laval. *Paris.* 1666. 4 vol. *in-4.*

132 Divi Hieronimi Epistolæ *Parma.* 1480. 2 *vol. in-fol. C. M. m. r.*

133 S. Bernardi Opera ex secundis curis D. Mabillon. *Paris.* 1690. 2 *vol. in-folio.*

134 S. Damasceni Opera Gr. & Lat. stud. le Quien. *Paris.* 1712. 2 *vol. in-folio.*

135 Canisii Lectiones antiquæ edent. Basnagio. *Antv.* 1719. 4 *vol. in-folio.*

136 Traité de la morale des Peres, par Barbeyrac. *Amst.* 1728. *in-4.*

137 SS. Patrum qui temporibus Apostolicis floruerunt Opera, Gr. & Lat. studio Cotelerii. *Antv.* 1700. 2 *vol. in-folio.*

138 D'Achery spicilegium sive collectio veterum aliquot scriptorum qui in Galliæ Bibliothecis latuerant. *Paris.* 1723. 4 *vol. in-folio.*

139 Mabillon & Germain, Museum Italicum. *Paris.* 2 *vol. in-4.*

140 Tollii Epistolæ itinerariæ cum observat. Hennii. *Amst.* 1700. *in-4.*

Théologiens Scholastiques.

141 Dictionnaire Theologiq. portatif, par M. Alletz. *Paris*, 1756. *in-8.*

142 Gersonii Opera stud. Dupin. *Hag. Com.* 1727. 5 *vol. in-folio.*

143 Vuitasse Theologia. *Paris.* 1717. 16 *vol. in-12. v. f.*

144 Henr. à S. Ignatio, Ethica Amoris. *Leodii.* 1709. 3 *vol. in-fol.*

145 La Faillibilité des Papes dans les décisions dogmatiq. *Holl.* 1720 2 *vol. in-12.*

146 L'accord de la grace & de la liberté, Poëme, par de la Bassarderies. *Tournay.* 1740. *in-4.*

147 Oeuvres de Colbert. *Cologne.* 1750. 2 *vol. in-4.*

148 Dissertation sur les Bulles, contre Baius. *Utrecht.* 1737. 2 *vol. in-12.*

149 Justification de P. R. contre le P. Bouhours. *Amst.* 1700 *in-12.*

150 La Paix de Clément IX. *Chamb.* 1700. *in-12.*

151 Imaginaires & les Visionnaires, par Nicole. *Amst. Elzev.* 1667. 2 *vol. in-12. m. r.*

152 Anecdotes ou Mémoires secrets sur la Constitution *Unigenitus*, par de Villefore. 1753. 3 *vol. in-12.*

152 * Hist. générale du Jansenisme, par Gerberon. *Amst.* 1700. 3 *vol. in-12. fig.*

153 Hist. du livre des reflexions morales. *Amst.* 1723. 4 *vol. in-4.*

154 La fréquente Communion, par Arnauld. *Paris.* 1644. *in-4.*

155 Résolutions de plusieurs cas de conscience, par de Sainte-Beuve. *Paris*, 1689. 3 *vol. in-4.*

156 Summa Angelica de casibus conscentiæ compilata per Angelum de Clavasio. *Nur.* 1488. *in-folio.*

157 Juenin de Sacramentis. *Lugd.* 1696. 2 *vol. in-folio.*

158 L'Esprit de Jesus-Christ & de l'Eglise, par le P. Pichon. *Paris*, 1745. *in-12.*

159 Dissertation sur la validité des Ordinations des Anglois, par le P. le Courayer. *Paris*, 1723. 2 *vol. in-12.*

160 Réfutation du P. Courayer, par le P. Hardouin. *Paris*, 1724. & 25 2 *vol. in-12.*

161 Nullité des Ordinations Anglicanes, par le P. Lequien. *Paris*, 1725. 2 *vol. in-12.*

161 * Défense de la Dissertation du P. le Courayer. *Paris*, 1726. 4 *vol. in*-12.

162 La Défense des Ordinations Anglicanes, refutée par le P. Hardouin. *Paris*, 1727. 2 *vol. in*-12.

163 Relation Historique & Apologetiq. des sentimens & de la conduite du P. le Courayer. *Amst.* 1729. 2 *vol. in*-12.

164 Relation Historique & Apologetiq. de la conduite du même. *Amst.* 1729. 2 *vol. in*-12.

175 Traité sur les Miracles, par Serces. *Amst.* 1729. *in*-12.

Traités singuliers du Culte Religieux des Superstitions

166 Dallæi de Cultibus Religiosis latinorum. *Genev.* 1672. *in*-4.

167 Ejusd. Dalæi adversis latinorum de Cultus Religiosi. *Geneve.* 1672. *in*-4.

168 Traité des Superstitions. *Amst.* 1740. 2 *vol. in-folio. fig.*

Traités singuliers des quatre dernieres fins de l'homme, du Purgatoire, l'Enfer, de l'Ante-Christ, & de la fin du Monde.

169 Collii de Animabus Paganorum. *Mediol.* 1738. 2 *vol. in* 4.

170 Tratado de Purgatorio contra Luthero del P. Fray. *Barcelon.* 1611. *in*-4.

171 Eloge de l'Enfer. *La Haye.* 1759. 2 *vol. in*-12. *v. f. t. f.*

172 La venue de l'Ante-Christ. *Paris*, 1602. La naissance de l'Ante-Christ en Babilone, envoyé par l'Ambassadeur de France. *Paris*, 1623. *in*-12. *m. r.*

Théologiens moraux.

173 La Morale pratique des Jésuites. 1683. 8 *vol. in*-12.

174 Morale des Jésuites. *Mons.* 1702, 3 *vol. in*-12.

175 Lettres Provinciales, par de Montalte. *Cologne.* (*Lavalle.*) 1675. *in*-12.

176 Les mêmes, en quatre Langues. *Amst.* 1684. *in*-8.

177 Les mêmes, avec les notes de Wendrock. *Amst.* 1753. 4 *vol. in*-12.

178 Cleander & Eudoxus, seu de Provincialibus quas vocant litteris, Dialogi. *Pateol.* 1695. *in*-8.

179 Dissertation Théologiq. sur les Loteries. 1742. *in*-12.

180

180 Traité des restitutions des Grands, par Joly. *Holl.* 1665. *in-12. m. r.*

Théologiens Mystiques.

181 Thomæ à Kempis, de Imitatione Christi. (*Lugd. Bat. Elzev.*) *in-16. l. v. r. m. r.*

182 De Imitatione Christi. *Lug. Bat. Elzev.* 1658. *in-12.*

183 Imitation de J. C. par Corneille. *Par.* 1680. *in-4. fig.*

184 Imitation de J. C. par le même. *Brux.* 1704. *in-12. fig.*

185 Epitres Spirituelles de S. François de Sales. *Paris*, 1676. *2 vol. in-8.*

186 Œuvres diverses de Sainte-Therese, par d'Andilly. *Paris*, 1676 *in-4.*

187 Morale Chrétienne sur le Pater, par Floriot, *Paris*, 1680. *in-4.*

188 Essais de Morale de Nicole. *Paris*, 1724. 21 *vol. in-12.*

189 Lettres Chrétiennes & Spirituelles de l'Abbé de S. Cyran. *Par.* 1648. 2 *vol. in-8.*

190 Conduite pour passer saintement la fête de la Pentecôte, par le P. Avrillon. *Paris*, 1754. 3 *vol. in-12. m. r. d. de Tab.*

191 Retraite de dix jours sur les principaux devoirs de la Vie Religieuse. *Par.* 1723. *in-12. d. s. t.*

192 Considérations sur les Dimanches & les Fêtes des mystères. *Par.* 1670. 2 *vol. in-8.*

193 Hist. & Analyse du Livre de l'action de Dieu, par Boursier. 1753. 3 *vol. in-12.*

194 Explication du Mystere de la Passion, par Duguet. *Par.* 1732. 14 *vol. in-12.*

195 Le Christianisme Florissant, Naissant, Servant, par Rapine. *Par.* 1666. 9 *vol. in-4. gr. p. m. r. l. v. r.*

196 Agneau Pascal & Pratiq. de Piété, par Richard. *Coll.* 1683. 2 *vol. in-8.*

197 Elevations à Dieu sur tous les Mysteres, par Bossuet. *Par.* 1727. 2 *vol. in-12.*

198 De la Sainteté & des devoirs de la Vie Monastique. *Par.* 1683. 2 *vol. in-4.*

198 * Rikel de vita & moribus Canonicorum liber. *Col.* 1670. *in-12.*

199 Œuvres spirituelles de Fenelon. *Rott.* 1738. 2 *vol. in-4. gr. p.*

200 La Vie de Mad. Guion. *Col.* 1720. 3 *vol. in-12. v. f.*

201 De nova Questione tractatus tres auct. Bossuet. *Parif.* 1698. *in-8. m. r.*

202 Justifications de M. Guion, écrit. par elle-même. *Col.* 1720. 3 *vol. in-12.*

203 Natali Anotationes & Meditationes in Evangelia. *Antv.* 1695. *in-fol. m. r.*

204 Les Contemplations historiées sur la Passion, par Gerson. *Par. Verard*, 1507. *in-4. fig.*

205 Méditations sur la Vierge, par Bruno. *Par.* 1602. *in-12.*

206 Le Miroir des Vierges, par le Blanc. *Dijon*, 1661. *in-12. v. f.*

207 Le Pré spirituel de Sophronius, Patriarche de Jérusalem, par J. Moyé. *Par.* 1623. *in-12. v. f.*

208 La Violette de l'Ame, par Blandecq. *Arras*, 1600. *in-12. v. f. tr. f.*

209 Les Voies de Paradis, par Doré. *Rouen*, 1610. *in-8. m. r.*

210 Le Fouët de l'Académie des Pécheurs, par Sarazin. *Arras*, 1570. *in-8. v. f. tr. f.*

211 Le Chemin asseuré de Paradis, par de Salo. *Douay*, 1625. *in-12. v. f.*

212 La Philomele Seraphique, par Jan Evangéliste. *Tournay*, *in-12.* 1640.

213 La S. Philosophie de l'Ame, par Valladier. *Lyon*, 1626. *in-8. v. f. t. f.*

214 Le Promenoir sacerdotal, par d'Eudemare. *Rouen*, *in-12. v. f.*

215 Pratique de la Perfection Chrétienne, de Rodriguez, trad. par Regnier Desmarais. *Par.* 1688. 3 *vol. in-4.*

216 Méditations sur l'Histoire & la Concorde des Evangiles. *Lyon*, 1696. 3 *vol. in-12.*

Catéchistes & Sermonaires.

217 Pouget, Institutiones Catholicæ in modum Catecheseos. *Parif.* 1725. 2 *vol. in-fol.*

218 Catéchisme des Jésuites, par Pasquier. *Francf.* 1704. *in-8.*

219 Voragine Sermones de Sanctis per anni totius circulum. *Venet.* 1573. *in-8. v. f.*

220 Raulin Opus Sermonum quadragesimalium. *Parif. in-8. Gott.*

221 L. de Utino Sermones de Santis. *Lugd.* 1495. *in-8. v. f.*

222 Denyse Sermones. *Parif.* 1517. *in-12. m. r.*

222 * Horstius S. Bernardi Sermones. *Par.* 1666. *in*-4.

223 Roberti Sermones prestantissimi. 1603. *in*-8. *v. f.*

224 Sermons de l'Abbé Anselme. *Paris*, 1731. 6 *vol. in*-12.

225 Sermons & Pensées du P. Bourdaloue. *Par. Rigaud*, 1707. 16 *vol. in*-8.

226 Pensées du même. *Par.* 1734. 2 *vol. in*-8,

227 Sermons du P. Segaud. *Paris*, 1767. 6 *vol. in*-12.

228 Actions Chrétiennes, par le P. Simon. *Liége*, 1744. 14 *vol. in*-12.

229 Bibliotheque des Prédicateurs, par le P. Houdry. *Lyon*, 1731. 22 *vol. in*-4.

230 Œuvres de Grenade, trad. par Girard. *Par.* 1684. 10 *vol. in*-8. *m. r.*

231 Sermon prononcé à Charenton en 1664, par Gantois. *Sedan*, 1664. *in*-12. *v. ec. tr. f.*

232 Sermons de Claude. *Genève*, 1728. *in*-8.

233 Sermons de Sherlock, par Joncourt. *La Haye*, 1723. 2 *vol. in*-8.

234 Sermons de Bertheau. *Amst.* 1730. 2 *vol. in*-8.

235 Sermons de Saurin. *Lausanne*, 1759. 12 *vol. in*-8.

236 Sermons de Werenfels, par Turrettin. *Amst.* 1723. *in*-8.

237 Sermons by Ric. Alleitrée. *Lond.* 1684. *in-fol.*

Théologiens Polemiques.

238 Exposition Abregée des preuves Historiq. de la Religions Chrétinne par Beauzee. *Par.* 1747. *in*-12.

239 Principes de Religion, par M. Roussel. *Par.* 1751. *in*-12.

240 L'Incrédule détrompé, par de Pontbriand. *Paris*, 1752. *in*-8. *v. f.*

241 L'Esprit d'Arnaud. *Devent* 1684. 2 *vol. in*-12. *m. r.*

242 Traité de la Vérité de la Relig. Chrétienne, par Abbadie. *Rotterd.* 1684. 2 *vol. in*-8.

243 Traité de la divinité de N. S. J. C. par le même. *Rotterd.* 1689. *in*-12. *v. f.*

244 Traité de la Vérité de la Religion Chrétienne, par Grotius. *Utrecht*, 1692. *in*-12.

245 Défense de la Religion, tant naturelle que revelée, par Brunet. *La Haye*, 1738. 6 *vol. in*-12.

246 Traité de la Justification du Pêcheur devant Dieu, par Naudé. *Leyde*, 1736. *in*-12.

247 Les Principes de la Religion Chrétienne, par Wake. *Amst.* 1719. *in-12.*

248 Lettres Flamandes, par du Hamel. *Paris*, 1753. *in-12.*

249 Examen de la Religion Naturelle & Revelée, par Sykes. *Amst.* 1742. *2 vol. in-12.*

250 Traité de l'Excellence de la Religion, par Bernard. *Amst.* 1744. *2 vol. in-12.*

251 Traité de la Foi & devoirs des Chrétiens, par Burnet. *La Haye*, 1728. *in-12.*

252 Traité de la Repentance tardive, par le même. *La Haye*, 1741. *in-12.*

253 Christianisme raisonnable de Locke. *Amst.* 1740. *2 vol. in-8.*

254 De l'Immortalité de l'Ame & de la Vie éternelle, par Sherlock. *Amst.* 1708. *in-8.*

255 Discours sur l'usage & les fins de la Prophétie, par le même. *Amst.* 1729. *in-8.*

256 La Pratique de la Morale Chrétienne, par Hammond. *Amst.* 1696. *in-12.*

257 Morale Chrétienne, par la Placette. *Amst.* 1701. *in-12.*

258 Essais de morale, par le même. *Amst.* 1716. *6 vol. in-12.*

259 Examen de deux Traités nouvell. mis au jour, par le même. *Amst.* 1713. *2 vol. in-12. v. f.*

260 La Mort des Justes, par le même, *La Haye*, 1729. *2 vol. in-12.*

261 De l'Incrédulité, par le Clerc. *Amst.* 1733. *in-8.*

262 L'Existence & la Sagesse de Dieu, par Ray. *Utrecht*, 1729. *in-12.*

263 Traité de l'Amour de Dieu, par Saurin. *Amst.* 1701. *2 vol. in-12.*

264 Phil. à Limborch, de Veritate Religionis Christianæ Amica collutio cum erudito Judæo. *Goud.* 1687. *in-4.*

265 Les trois Vérités, par Charron. *Leiden*, 1599. *in-4.*

266 Les mêmes. 1602. *in-12.*

267 De Walenburg, Tractatus de Controversiis fidei. *Colog.* 1670. *2 vol. in-fol.*

268 Chillingworh the Religion of Protestants. *Lond.* 1727. *in-fol.*

269 La Religion Protestante, par le même. *Amst.* 1730. *3 vol. in-12.*

270 Sentimens d'Erasme conformes à ceux de l'Eglise Catholique. *Cologne*, 1688. *in-12.*

271 Apologie de la véritable Théologie Chrétienne, par Barclay. *Lond.* 1702. *in-8.*

272 A Defence of Christianity from Prophecies of Th. Old. Testament by Edward. *Lond.* 1763. *in*-8.

273 Observat. on the History and Evidenes of the Resurrection of J. Christ by West. *Lond.* 1749. *in*-8.

274 Emanuel ou Paraphrase Evangelique, par le Noir. *Amst.* 1729. *in*-12. *v. f.*

274* The Works of the Most Rever. J. Tillotson. *Lond.* 1712. 3 *vol. in-fol.*

275 Catechisme par Osterval. *Amst.* 1721. *in*-12.

276 Traité contre l'Impureté, par le même. *Amst.* 1712. *in*-12. *v. f.*

277 Traité de Sources de la Corruption qui regne parmi les Chrétiens, par le même. *Amst.* 1709. *in*-12. *v. f.*

278 Que la Religion Chrétienne est très-raisonnable. *Amst.* 1696. 2 *vol. in*-12. *v. f.*

279 De l'unité de l'Eglise, par Nicole. *Lille*, 1709. *in*-12.

280 Triumphus Catholicæ veritatis advers. omnes hæreses aut. Ambrosio. *Venet.* 1619. *in*-4.

281 La Foi dévoilée par la raison, par Parisot. *Paris*, 1681. *in*-8.

282 Conformité de la Foi avec la raison, par Jaquelot. *Amst.* 1705. *in*-12.

283 Traité de la Vie Chrétienne, par Scot. *Amst.* 1699. 2 *vol. in*-12. *v. f.*

284 Dispute de la Messe, par David Derodon. *Genève*, 1662. *in*-8.

285 Traité du Dogme de la Probabilité (*Holl.*) 1731. *in*-12.

286 Le Sens littéral de l'Ecriture-Sainte, par Stackhouse. *La Haye*, 1741. 3 *vol. in*-12.

287 La Victoire de la Foi contre le monde. *Genève*. 1647. *in*-12. *v. ec. tr. f.*

288 Les Consolations de l'Ame contre les Frayeurs de la mort, par Drelincourt. *Amst.* 1724. 2 *vol. in*-8.

289 Lettres d'un Théologien Réformé, par de la Chapelle. *Amst.* 1737, 2 *vol. in*-12.

290 Théologie Physique, par Derham. *La Haye*, 1732. *in*-8.

291 Théologie Astronomique, par le même. *Paris*, 1729. *in*-8.

292 Théologie des Insectes, par Lyonnet. *La Haye*, 1742. 2 *vol. in*-8.

293 Théologie de l'Eau, par Fabricius, *La Haye*, 1741. *in*-8.

294 L'Existence de Dieu démontrée par les merveilles de la Na-

ture, par Nieuwentyt, trad. par Noguez. *Paris*, 1725. *in*-4

295 Pensées sur la Religion, par Beveridge. *Amst.* 1744. 2 *vol.* *in*-12.

296 Pensées sur la Religion, traduites de l'Angl. *Amst.* 1723. 2 *vol.* *in*-12.

297 Lettres sur la Religion essentielle à l'homme. *Lond.* 1738. 4 *vol.* *in*-12.

298 Lettres sur les vrais principes de la Religion, où l'on examine un Livre intilé la Religion essentielle à l'homme. *Amst.* 1741. 2 *vol.* *in*-12. *v. f.*

299 Défense du Christianisme, ou Préservatif contre les Lettres sur la Religion essentielle à l'homme. *Lond.* 1738. 2 *vol.* *in*-12.

Théologiens Hétérodoxes.

300 Histoire de l'Hérésie de Viclef, Jean Hus & Jerôme de Prague. *Lyon*, 1682. *in*-12.

301 T. Bezæ, Confessio Christianæ fidei & ejusdem collatio cum Papisticis hæresibus. *Genève*, 1595. *in*-8.

302 Bezæ, Tractatus de Repudiis & Divortiis. *Lugd. Bat.* 1651. *in*-12.

303 Bezæ, Tractatio de Polygamia, in qua & Ochini Apostate pro polygamia. *Genève*, 1610.... Tractatio de Repudiis & Divortiis. *Genève*, 1610. *in*-12.

304 Histoire de la Confession d'Ausbourg. *Anvv.* 1582. *in*-4.

305 Entretiens des Voyageurs sur la Mer. *La Haye*, 1740. 4 *vol.* *in*-12. *m. r.*

306 Histoire écrite dans un Voyage d'Italie, par Demiliane & Gavin. *Rotterd.* 1712. 5 *vol.* *in*-12.

307 Du Pouvoir des Souverains & de la liberté de conscience tr. de Noodt, par Barbeyrac. *Amst.* 1714. *in*-12.

308 H. Mori Opera. *Lond.* 1679. 2 *vol.* *in-fol.*

309 Mêlanges de Remarq. Critiq. Historiq. & sur les Dissertations de Toland, par Benoît. *Delf.* 1712. *in*-8.

310 M. (Reves) Servet, de Trinitatis erroribus Libri VII. anno 1731. *in*-8. *vel.*

311 Ochini de Purgatorio Dialogus. *Tiguri*, *in*-8.

312 Bibliotheca Fratrum Polonorum quos unitarios vocant, instructa operibus Socini, Crellii, Volzogenii, Brenii, &c. *Irenop.* 1656. 9 *vol.* *in-fol.*

313 Postel de Orbis Terræ Concordia. *in*-8. *v. f. tr. f.*

314 Ejusd. Postellus de Orbis Terræ Concordia Libri IV. *in-fol.*

315 Les très-merveilleuses Victoires des femmes du N. Monde, par le même. 1553 *in*-12. *m. r.*

316 Præ-adamitæ sive Exercitatio quâ inducuntur primi homines ante Adamum conditi aut. Isaaco la Peyrere. 1655 *in*-12.

317 Animadversiones in Librum Præ-adamitarum aut. Euseb. Romano. *Par.* 1666. *in*-12.

318 Lettres de la Peyrere à Philotime. *in*-12.

319 Julii Cæs. Vanini Amphitheatrum æternæ Providentiæ, *Lugd.* 1615.... Ejusdem Vanini de admirandis naturæ reginæ Dialogorum Libri IV. *Paris.* 1616. 2 *vol. in*-8.

320 Apologia pro Vanino. *Cosmop.* 1712. *in*-8.

321 Alciphron, contre les Esprits-forts. *La Haye*, 1734. 2 *vol. in*-12.

322 Tolandi Pantheisticon. *Cosmopoli*, 1720. *in*-8. *m. c.*

323 Adriani Beverlandi, Dissertatio de Fornicatione cavenda Admonitis. 1698.... Dissertatio de Stolatæ virginitatis Jure. *Lugd. Batav.* 1680. 2 *vol. in*-12.

324 Etat de l'homme dans le péché originel, trad. du lat. de Beverland. *Holl.* 1740. *in*-12.

325 Le Ciel reformé, Essai de trad. du Spaccio della Bestia Trionfante. 1750. *in*-12. *m. r.*

326 Nouvelles Pensées, par du Marsais. 1743. *in*-12. *m. r.*

327 Tractatus Theologico Politicus & Opera Posthuma. 1677. 2 *vol. in*-4.

328 Réfutation des Erreurs de Spinosa, par Boulainvilliers. *Brux.* 1721. 2 *vol. in*-12.

329 Traité des Cérémonies superstitieuses des Juifs. *Amst.* 1678. *in*-12.

330 Poiret, Cogitationes de Deo, anima & malo contra Spinosam. *Amst.* 1685. *in*-4.

331 Cuperi Arcana Atheismi revelata Philosophice & Paradoxe refutata examine Tractatus Theologo-Politici. *Rott.* 1676. *in*-4 *gr. p.*

332 Regneri à Mansvelt adversus Anonymum Theologo-Politicum. *Amstel.* 1674. *in*-4.

333

334 Examen du Traité de la liberté de penser. *Amst.* 1718. *in*-12.

335 La Friponnerie Laïque des prétendus Esprits-forts d'Angleterre, ou Remarque de Phileleuthre de Leipsick (Bentley)

sur le Discours de la liberté de penser. *Amst.* 1738. *in*-12.
336 Wageinseilii Tela ignea Saitanæ. *Altd.* 1681. 2 *vol. in*-4.
337

338 Lettres écrites de Londres sur les Anglois & autres sujets, par M. de Voltaire. *Amst.* 1735. *in*-8.
338 * Lettres du même, avec plusieursPiéces de différens Auteurs. *La Haye*, 1718. *in*-12.
339 Recueil de Piéces par Albert Radicati. *Rott.* 1736. *in*-8.
340 Dionysii Carthusiani contra Alchoranum. *Colon.* 1533. *in*-8.
341 Religio Medici cum annotationibus. *Argent.* 1652. *in*-8.
342 L'Alcoran de Mahomet, par du Ryer. *Amst.* 1746. 2 *vol. in*.12
343 Relandi de Religione Mohammedica. *Traj.* 1717. *in*-8. *fig*
344 La Religion des Mahométans, trad. du même. *La Haye*, 1721. *in*-8. *fig*.
345 Religion ou Théologie des Turcs, par Mufti. *Brux.* 1704. *in*-12. *fig*.

JURISPRUDENCE.

Droit Canonique.

346 Cabassutii Theoria & praxis Juris Canonici. *Lugd.* 1719. *in*-4.
347 Alteserra in Decretales Innocentii III. *Paris*, 1656. *in-fol.*
348 Dartis Opera Canonica. *Paris*. 1656. *in-fol.*
349 Les Droits des Souverains, par Fra Paolo. *La Haye*, 1721. 2 *vol. in*-12.
350 Bellarmini, Tractatus de potestate Summi Pontificis in rebus temporalibus. *Colon.* 1611. *in*-8.
351 Traité de l'Autorité du Pape, par de Burigny. *La Haye*, 1720. 4 *vol. in*-12. *v. f.*
352 Mémoiress Historiques & Critiques sur la Vie & sur la Legende du Pape Grégoire VII. S. *Pourcain*, 1743. 3 *vol. in*-12.
353 Lucii Antistii Constantis de Jure Ecclesiasticorum liber singularis. *Leothop.* 1665. *in*-12.
354 Traité des Droits de l'Etat & du Prince sur les biens possédés par le Clergé. *Amst.* 1755. 4 *vol. in*-12.
355 Traité des deux Puissances, ou Maximes sur l'Abus, par l'Abbé Defoy. *Par.* 1752. *in*-12. *m. r.*

356 Carenæ Tractatus de Officio Sanctissimæ Inquisitionis. *Lugd.* 1649. *in-folio.*

357 Des Jugemens Canoniques des Evêques, par David. *Par.* 1671. *in-4.*

358 Pinssonii, Tractatus de Beneficiis Ecclesiasticis. *Paris.* 1654. *in-folio.*

359 Traité des Bénéfices de Fra Paolo Sarpi. *Amst.* 1692. *in-12.*

360 Traité des Droits du Roi sur les Bénéfices de ses Etats, par Simmonel. 1750. 2 *vol. in-4.*

361 Pouillie Général des Bénéfices. *Paris*, 1649. 9 *vol. in-4.*

362 Recueil Historique, Chronologique & Topographique des Archevêchés, Evêchés, Abbayes & Prieurez de France, par Beaunier. *Par.* 1726. 2 *vol. in-4.*

363 Traité de l'Abus, par Fevret. *Lyon*, 1736. 2 *vol. in-fol.*

364 Traité Historique & Chronolog. des Dixmes, par du Ferray. *Par.* 1738. 2 *vol. in-12.*

365 Statuta Ordinis Carthusianensis per Guigonem Priorem. *Bas.* 1510. *in-fol. fig. m. r. lv. r. à dent.*

366 Statuta ordinis Premonstratensis. 1500. *in-8. Goth.*

367 Traité de la Clôture des Religieuses, par Thiers. *Paris*, 1681. *in-12.*

368 Factum pour les Religieuses de Sainte-Catherine-les-Provins. *Doregnal.* 1679. *in-12. v. ec. tr. f.*

369 Toilette de l'Archevêque de Sens. 1669. *in-12.*

370 Le Moine Marchand, par Reinaud. *Amst.* 1714. *in-12.*

371 Traité contre le Commerce des Religieux, par le même. *Amst.* 1714. *in-12.*

372 La Sauce Robert, par Thiers. 1679. *in-8.*

373 Corpus Institutorum Societatis Jesu. *Antv.* 1709. 3 *vol. in-4.*

374 Regulæ Societatis Jesu. *Lugd.* 1606. *in-12.*

375 Le Mercure Jesuitique, par Godefroy. 2 *vol. in-8.*

376 Anecdotes Jesuitiques. *La Haye*, 1740. 3 *vol. in-12.*

377 Le Testament des Jésuites. *Lond.* 1738. *in-12.*

378 Onguent pour la Brûlure.... Les Enluminures du fameux Almanach des Jésuites. *Liége*, 1683. *in-12.*

379 Artes Jesuiticæ. *Salisburgi.* 1710. *in-12.*

380 Les Secrets des Jésuites. *Colog.* 1670... Factum pour les Religieuses de Sainte-Catherine-les-Provins, contre les PP. Cordeliers. *Doregnal*, 1679.... Onguent pour la Brulûre. *Colog.* 1670. *in-24.*

381 La Monarchie de Solipses, par Inchoffer. *Amst.* 1754. *in-12.*

382 Réponse au Traité des Etudes Monastiq. par de Rancé. *Par.* 1692. *in-4.*

383 Lettres *Ne repugnate vestro bono. Lond.* 1750. *in-8.*

384 Les Statuts de l'Ordre du Saint-Esprit, établi par Henri III. *Par.* 1740. *in-4. m. à. d.*

385 Statuts de l'Ordre de Saint-Michel. *Par.* 1725. *in-4.*

386 Hist du Droit Public, Canonique, Ecclésiastique François. *Par.* 1750 3 *vol. in-12.*

387 Histoire du Droit Canonique. *Avign.* 1750. *in-12.*

388 Traité des libertés de l'Eglise Gallicane, avec les Preuves. par Pithou. *Par.* 1731. 4 *tom.* 2 *vol. in-folio.*

389 Du renversement des Libertés de l'Eglise Gallicane. 1716. 2 *vol. in-12.*

390 Défense de la Déclaration de l'Assemblée du Clergé de France de 1680, par Bossuet. *Amst.* 1747. 3 *vol. in-4. br.*

391 Défense de la célèbre Déclaration faite par le Clergé sur la Puissance Ecclésiastiq. le xix Mars 1682. 1735. 2 *tom.* 1 *vol. in-4.*

392 Extraits des Procès-verbaux du Clergé. *Par.* 1750. *in-12.*

Droit Civil, Droit Public & Droit Romain.

393 Le Droit de la Nature & des Gens, de Pufendorf, par Barbeyrac. *Amst.* 1712. 2 *vol in-4.*

394 Principes du Droit de la Nature & des Gens de Wolff, par Formey. *Amst.* 1758. 3 *vol. in-12.*

395 H. Grotii de Jure Belli ac Pacis Lib. III. nec non Gronovii notæ. *Amst.* 1712. *in-8.*

396 Droit de la Guerre & de la Paix, de Grotius, par Barbeyrac. *Amst.* 1729. 2 *vol. in-4.*

397 Grotius of the Rights of War and Peace. *Lond.* 1715. 3 *vol. in-8.*

398 Recueil des Traités de Paix de Trêve, Neutralité & autres Actes publics. *Amst.* 1700. 4 *vol. in-fol.*

399 Corps Universel Diplomatique du Droit des Gens, avec le Supplément, par Dumont & Rousset. *Amst.* 1726. 13 *vol.* .. Histoire du Traité de Paix. *Amst.* 1725. 2 *vol.* .. Négociations Secretes de la paix de Munster & d'Osnabrug. *Amst.* 1725. 4 *vol.* en tout 19 *vol. in-fol.*

400 Le même Corps Diplomatique, *gr. p. 27 vol. in-fol.*

401 Hist. des Traités de Paix de Vervins & Nimegue, par de S. Prest. *Amst.* 1727. 2 *vol. in-fol.*

402 Les mêmes. 2 *vol. in-fol. gr. p. br.*

403 Recueil Historiq. d'Actes & Négociations, Mémoires & Traités des paix, par Rousset. *La Haye*, 1728. 25 *vol. in-12.*

404 Actes, Memoir. & autres Pièces concern. la Paix d'Utrecht. *Utrecht.* 1714. 7 *vol. in-12.*

405 Hist. du Traité de Paix de Westphalie, par le P. Bougeant. *Par.* 1750. 6 *vol. in-12.*

406 La même. *Par.* 1767. 3 *vol. in-4.*

407 Recueil des Traites de Paix. *Par. Léonard.* 1699. 7 *vol. in-4.*

408 Fœdera Conventiones & Acta Publica edita curis Rymer. *Hag. Com.* 1755. 10 *vol. in-fol. C. M. br.*

408* Corn. Van-Bynkershoek Quæstionum juris publici libri duo. *Lugd. Bat.* 1752. 6 *vol. in-4.*

409 Hist. du Droit Romain. *Par.* 1620 *in-12.*

410 Vinnii notæ in IV. libros Institutionum. *Paris.* 1608. *in-12.*

411 Perezii Commentarius in V. & XX. Digestorum libros. *Amst.* 1669. *in-4.*

412 Corpus Juris Civ. Duarenii. *Lugd. Bat.* 1560. 2 *vol. in-fol.*

413 Corpus Juris Civilis, cum not. Gothofredi. *Amst. Elzev.* 1664. *in-8.*

414 Ejusd. Corpus Civilis. *Elzev.* 1681. *in-8.*

415 Vinnius ad Instituta. *Amstel. Elzev.* 1665. *in-4.*

416 Codex Theodosianus, cum Comment. Gothofredi. *Lugd.* 1565. 5 *tom.* 4 *vol. in-fol.*

417 A. Fabri Opera Juridica. *Lugd.* 1658. 9 *vol. in-fol.*

418 Les Loix Civiles, par Domat. *Par.* 1767. *in-fol.*

419 Hist. de la Jurisprudence Romaine, par Terrasson. *Paris.* 1750. *in-fol.*

420 Ramos Tribonianus sive errores Triboniani de pœna parricidii. *Lugd. Bat.* 1752. *in-4.*

Droit François.

421 Essai sur les Principes du Droit & de la Morale, par d'Aube. *Par.* 1743. *in-4.*

422 Dictionn. de Droit & de Pratiq. par Ferrière. *Par.* 1762. 2 *vol. in-4.*

423 Recueil de Jurisprudence, par de la Combe. *Par.* 1736. *in-4.*

424 Décisions Notables sur diverses Questions du Droit, par Cambolas. *Toul.* 1735. *in-4.*

425 Traité de la Communauté, par le Brun. *Par.* 1755. *in-fol.*

426 Traités de la représentation du Double lien, par Guyné. *Par.* 1727. *in-4.*

427 Questions & Observations concernant les Matiéres Féodales, par Hevin. *Rennes*, 1736. *in-4.*

428 Mémoir. concernans le Comté-Pairie d'Eu, par Froland. *Par* 1722. *in-4.*

429 Notabl. & singulier. Questions de Droit Ecrit, jugées au Parlement de Toulouse, par Maynard. *Toulouse*, 1751. 2 *vol. in-f.*

430 Instruction pour les Ventes des Bois du Roi, par de Froidour. *Par.* 1759. *in-4. fig. m. r.*

431 Style universel, *Toulouse*, 1757. 2 *vol. in-12.*

432 N. Introduction à la Pratique, par de Ferriere. *Par.* 1758. 2 *vol. in-12.*

433 Questions de Droit, par Bretonnier. *Par.* 1742. *in-12.*

434 N. Réglemens de la Justice. *Par.* 1719. 2 *vol in-12.*

435 Traité des Contrats de Mariage. *Par.* 1722. *in-12.*

436 Traité de la Preuve par les Témoins en matiére Civile, par Danty. *Par.* 1727. *in 4.*

437 La Pratique universelle des Terriers & des Droits Seigneuriaux, par de la Poix de Freminville. *Par.* 1762. 6 *vol. in-4.*

438 Traité des Matiéres Criminelles. *Par.* 1742. *in-4.*

439 N. Examen de l'Usage général des Fiefs en France, par Brussel. *Par.* 1727. 2 *vol. in-4*

440 Traité de la Police, par de la Mare. *Par.* 1722. 4 *vol. in-fol.*

441 Le même, tom. 4. *Par.* 1730. *in-folio.*

Coutumes.

442 N. Coutumier Général, par de Richebourg. *Par.* 1724. 4 *vol. in-folio.*

443 Coutumes d'Anjou, par du Pineau. *Par.* 1698. *in-fol.*

444 Coutumes d'Angoumois, par Vigier. *Angoul.* 1720. *in-fol.*

445 Coutumes Locales de la Ville d'Arras. *Par.* 1746. *in-4.*

446 Coutumes de Bar, par Marlorat. *S. Michel.* 1623. *in-4.*

447 La Coutume de Berry, par Mauduit. *Par.* 1624. *in-8.*

448 Pontani Commentarii in consuetudines Blesenses. *Paris.* 1677. *in-fol.*

449 Dargentré, Commentarii in consuetudines Ducatus Britanniæ. *Par.* 1680. *in-fol. gr. p.*

450 Coutume de Bretagne. *Nant.* 1725. *in-4.*

451 Consultations & Observations sur la Coutume de Bretagne, par Hevin. *Rennes*, 1734. *in-4.*

452 Coutumes de Cambray, par Pinault. *Douay*, 1671. *in-4.*

453 Coutumes de Chartres, par Couart. *Chartres*, 1687. *in-8.*

454 Coutumes de Chaumont, par Gousset. *Chaum.* 1722. *in-8.*

455 Coutumes de Meaux, par Champy. *Paris*, 1682. *in-12.*

456 Coutume de Montargis, par Dumoulin. *Paris*, 1629. *in-4.*

457 Coutumes de S. Omer. *Paris*, 1744. *in-4.*

458 Coutumes d'Orléans, par Dumoulin. *Orléans*, 1711. *in-12.*

459 N. Comment. sur la Coutume de Paris, par Ferriére. *Paris*, 1751. 2 *vol. in-12.*

460 Coutume de Picardie & Vermandois. *Paris*, 1726. 4 *vol. in-folio.*

461 Principes Génér. de la Coutume de Poitou, par Marques. *Poitiers*, 1764. *in-12.*

462 Observations sur la Coutume de Poitou, par Lelet. *Poitiers*, 1710. *in-4. m. r.*

463 Coutumes de Sens, par Penou. *Sens*, 1711. *in-8.*

464 Comment. sur la Coutume de Troyes, par Rochette. *Troyes*, 1596. *in-8.*

465 Coutumes de Namur. *La Haye*, 1736. *in 4.*

Edits, Ordonnances & Arrêts.

466 Recueil concernant la Ferme des Droits de Contrôle des Actes des Notaires. *Paris*, 1714. *in-4.*

467 Recueil des Réglemens des Manufactures & Fabriques du Royaume. *Paris*, 1730. 4 *vol. in-4.*

468 Edits, Déclarat. Ordonn. Arrêts & Reglemens concern. l'Hôtel des Invalides. *Paris*, 1728. *in-4.*

469 Edits, Ordonn. Arrêts & Reglemens sur le fait des Mines & Miniéres de France. *Paris*, 1728. *in-12.*

470 La gr. Conférence des Ordonnances, par Guenois. *Paris*, 1660. 3 *vol. in-folio.*

471 Conférences des Ordonn. de Louis XIV. par Bornier. *Paris*, 1744. 2 *vol. in-4.*

472 Edits, Ordonnances des Rois sur les Eaux & Forêts, par Saint-Yon. *Paris*, 1610. *in-folio.*

473 Instruction pour les Ventes des Bois du Roi, par Berrier. *Paris*, 1759. *in-4. m. r.*

474 Constans, Traité de la Cour des Monnoies. *Par.* 1658. *in-folio. gr. p.*

475 Traité des Monnoies, par Boizard. *Par.* 1714. 2 *vol. in-12.*

476 Essai sur les Monnoies, ou Reflexions sur le rapport entre l'argent & les denrées, par Dupré de Saint-Maur. *Par.* 1746. *in-4.*

477 Commentaire sur les Tarifs des contrôles des Actes. *Avign.* 1746. *in-8.*

478 Hist. des Edits de Pacification & des Moyens que les Reformés ont employé pour les obtenir, par Soulier. *Paris*, 1692.

479 Dictionn. des Arrêts, par Brillon. *Par.* 1727. 6 *vol. in-folio.*

480 Journal du Palais. *Par.* 1755. 2 *vol. in-folio.*

481 Journal des Audiences, par Dufresne, &c. *Par.* 1733. 7 *vol. in-folio.*

482 Œuvres de Bacquet, par de Ferriére. *Lyon.* 1744. 2 *vol. in-folio.*

483 Arrêtés de M. le P. Presid. de Lamoignon. *Par.* 1702. *in-4.*

484 Arrêts de le Prêtre, augmentés par Gueret. 1679. *in-folio.*

485 Les mêmes. *Par.* 1679. *in-folio. gr. p.*

486 Recueil des Arrêts, par Louet. *Par.* 1678. 2 *vol. in-folio.*

487 Receils d'Arrêts, par Sœfve. *Par.* 1682. *in-folio.* 2 *vol. gr. p. m. r.*

488 Receil d'Arrêts, par Bardet. *Par.* 1690. 2 *vol. in-folio.*

489 Arrêts de Provence, par de Boniface. *Lyon*, 1689. 6 *vol. in-folio.*

490 Décisions sommaires du Palais, par la Peyrere. *Bord.* 1717. *in-folio.*

491 Arrêts notables du Parlement de Toulouse, par la Roche-Flavin. *Toulouse*, 1682. *in-4.*

492 Notables & Singulier. questions du Droit-Ecrit au Parlement de Toulouse, par de Maynard. *Toulouse*, 1751. 2 *vol. in-folio.*

493 Arrêts de Bourgogne, par Bouvot. *Genev.* 1628. 2 *vol. in-4.*

494 Arrêts du Parlement de Toulouse, par de Catellan. *Toul.* 1705. 2 *vol. in-4.*

495 Arrêts du Parlement de Toulouse, par de la Roche-Flavin. *Toulouse*, 1682. *in-4.*

Jurisconsultes François.

496 Œuvres de Grimaudet. *Par.* 1669. *in-folio.*

497 Molinæi Opera omnia. *Paris.* 1681. 5 *vol. in-fol.*

498 Œuvres de Guy Coquille. *Par.* 1646. 2 *vol. in-fol.*

499 Œuvres d'Epeisses. *Lyon*, 1756. 3 *vol. in-fol.*

500 Œuvres de Loyseau. *Par.* 1660 *in-fol.*

501 Œuvres Posthumes de d'Héricourt. *Par.* 1759. 4 *vol. in-4.*

502 Recueil Général du Procès du P. Girard avec la Demoiselle Cadiere. *Aix*, 1731 5 *vol. in-12.*

503 Suite des Causes celébres. *Douay*, 1761. *in-12.*

504 Procès pour la Succession d'Ambroise Guys contre les Jésuites. *in-12.*

505 Pieces originales & procédures du Procès, fait à R. Fr. Damiens. *Par.* 1757. *in-4.*

506 Mémoires pour le sieur de la Bourdonnais. *Par.* 1751. 2 2 *vol. in-4.*

507 Mémoir. pour le même. *Par.* 1751. 3 *vol. in-12.*

Droit Etranger.

508 Recueil d'Ordonnances du Roi & Réglemens du Conseil d'Alsace. *Colmar*, 1738. *in-fol.*

509 Intérêts des Princes d'Allemagne, *sous le nom d'Hipolitus à Lapide. Freinst.* 1712. 2 *vol. in-12.*

510 De Mean ad Jus Civile Leodiensium, Observationum & rerum Judicatarum. *Leod.* 1670. 6 *tom.* 3 *vol. in-fol.*

511 Le Droit Germaniq *Amst.* 1749. 2 *vol. in-12.*

512 Capitulation Harmoniq. de Muldener. *Par.* 1701. *in-4.*

513 Mémoires, Instructions sur la vacance du Trône Impérial. *Amst.* 1741. *in-12.*

514 The Laws. & Acts, of Parliament by Murray. *Edinb.* 1671. *in-fol.*

SCIENCES ET ARTS.

Philosophie Ancienne & Moderne.

515 Diog. Laertii Vitæ Dogmatibus Philosophorum. *Venet.* 1497. *in-fol.*

516 Diogenis Laertii de Vitis Dogmatibus, Philosophorum Libri X. cum annot. Casauboni & Menagii *Amst.* 1692. 2 *vol. in-4.*

517 Diogene Laërce. *Par.* 1668. 2 *vol. in-12.*

518 Les Vies des Philosophes plus illustres de l'Antiquité. *Amst.* 1761. 3 *vol. in*-12.

519 Hist. Critiq. de la Philosophie, par Deslandes. *Amst.* 1750. 4 *vol. in*-12.

519* Hieroclis in aurea Carmina Commentarius Gr. & Lat. cum not. *Londini*, 1742. *in*-8.

520 Platonis Opera Gr. & Lat. per Serranum. *Paris. H. Steph.* 1578. 2 *vol. in-fol.*

521 Marsilii Ficini Opera. *Paris.* 1641. 2 *vol. in-fol.*

522 Maximii Tyrii Philosophi Platonici Dissertationes Gr. Lat. ex Intrepret. Heinsii & cum Davisii notis. *Cantab.* 1703. *in*-8.

523 Œuvres de Platon, par Dacier. *Par.* 1699. 2 *vol. in*-12.

524 Cherstomathia Platoniana. *Turici*, 1756. *in*-8.

525 La Républiq. de Platon, par de la Pillonniere. *Lond.* 1726. *in*-4.

526 L. An. Senecæ Opera. *Lugd. Bat. Elzev.* 1640. 3 *vol. in*-12. *m. r.*

527 Boethii de Consolatione Philosophiæ Libri V. *Amst.* 1668. *in*-24. *m. r.*

528 Beozio della Consolazion della Filosofia, tradotto da Varchi. *Venezia*, 1737. *in*-8.

529 La Vie de Pythagore, par Dacier. *Par.* 1706. 2 *vol. in*-12.

530 Le Philosophe Payen, ou Pensées de Pline, par Formey. *Leyde*, 1759. 3 *vol. in*-12.

531 Ciceronis de Amicitia. *Paris.* 1750. *in*-32. *m. r.*

532 Cirelli Ethica Aristotelica. *Selenob. in*-4.

533 Les Hipotiposes, ou Institutions Pirroniennes de Sextus Empericus. *Holl.* 1725. *in*-12.

534 Hobbes Opera Philosophica. *Amst.* 1668. 2 *vol. in*-4.

535 Plot de Origine fontium tentamen Philosophicum. *Oxonii*, 1685. *in*-12.

536 Wolff Philosophia Moralis sive Ethica Methodo Scientifica pertractata. *Halæ*, 1750. 5 *vol. in*-4.

537 La Belle Wolfiene. *La Haye*, 1741. 3 *vol. in*-12.

538 Elémens de la Philosophie Morale, par de Joncourt. *La Haye*, 1756. *in*-12.

539 Brixia Philosophia sensuum Mechanica. *Brix.* 1733. 2 *vol. in*-4.

540 Principes de Philosophie, ou Preuves naturelles de l'existence de Dieu, par Geneft. *Par.* 1716. *in*-8.

541 Recueil de diverses Piéces sur la Philosophie, la Religion naturelle,

naturelle, &c. par Leibnitz, Clarke, Newton, *Lauſ.* 1759. 2 *vol. in*-12.

542 Syſtême de Philoſophie, par Regis. *Paris*, 1690. 3 *vol. in*-4.

543 An Account of Sir Newtons Philoſophical, Diſcoveries by Maclaurin. *Lond.* 1748 *in*-4. *v. f.*

544 Hutcheſon Philoſophia Moralis *Glaſg.* 1742. *in*-12.

545 Elemens de la Philoſophie Moderne, par Maſſuet. *Amſt.* 1752. 2 *vol. in*-12.

546 Eſſai Philoſophiq. ſur la Providence. *Paris*, 1728. *in*-12.

547 Elemens de la Philoſophie de Newton, par M. Voltaire. *Amſt.* 1738. *in*-8.

548 Gometii Pereyræ Antoniana Margarita Opus nempè Phyſicis, *Methymne campi de millis* 1554...... Objectiones Mich. à Palacios adverſùs nonnulla ex Paradoxis Ant. Margaritæ, cum reſponſionibus & apologiâ eorumdem per Geom. Peyreyram 1555.... Ejuſd Nova veraque Medicina experimentis & evidentibus rationibus comprobata. *Methymna*, 1558. 2 *tom.* 1 *vol. in-folio.*

549 Manuel Philoſophiq. ou Précis univerſ. des Sciences, par Panckoucke. *Paris*, 1748. 2 *tom.* 1 *vol. in*-12.

550 Traité Philoſophique des Loix naturelles, trad. de Cumberland, par Barbeyrac. *Amſt.* 1744. *in*-4.

551 Le même. *Amſt. in*-4 *gr. p.*

552 De la Conſtance, Ouvrage Philoſophique, trad. de Juſte Lipſe. *Paris.* 1741. *in*-12. *m. r.*

Logique, Morale & Œconomie.

553 Theophraſti Caracteres ex recenſ. Needham Gr. & Lat. *Glaſg.* 1743. *in*-12.

554 Les Caracteres de Théophraſte, par de la Bruyere. *Paris*, 1696. *in*-12.

555 Les mêmes. *Paris*, 1757. 2 *vol. in*-12.

556 Jonſtoni Enchiridion Ethicum. *Lugd. Bat. Elzev.* 1634. *in*-32.

557 Epicteti Enchiridion & Cebitis Thebani Tabula Gr. Lat. cum varior. not. *Lugd. B.* 1670. *in*-8.

558 Epicteti Manuale Gr. & Lat. *Glaſg.* 1744. *in*-12. *v. c. d. ſ. s.*

559 Les Morales d'Epictete, de Socrate, de Plutarque & de Seneque (par Deſmarets de S. Sorlin) *au Château de Richelieu.* 1653. *in*-8. *m. r.*

560 Le Manuel d'Epictete, par Cocquelin. *Paris*, 1688. *in*-12.

561 L'Orloge des Princes, auquel est contenu le Livre d'or de Marc-Aurele, par de Guevare. *Paris*, 1561. in.8.

562 La Morale d'Epicure, par M. Batteux. *Paris*, 1758. *in*-12.

563 Reflexions, Sentences & Maximes morales, par Amelot de la Houssaye. *Paris*, 1754. *in*-12.

564 Les Pensées, Maximes & Reflexions morales de la Rochefoucault, par de la Roche. *Paris*, 1754. *in*-12.

565 La Grandeur d'Ame, le Cri de la Vérité, le Véritable Mentor; la Jouissance de soi-même; la Conversation avec soi-même, de la Gaieté, l'Univers énigmatique, les Caractéres, par Caraccioli. *Avign* 1762. 8 *vol. in*-12.

566 Les Œuvres de Van-Effen. *Amst.* 1741. 5 *vol. in*-12.

567 La Bagatelle, par le même. *Amst.* 1719. 3 *vol. in*-12.

568 Traité de la Connoissance de soi-même, par Mason. *Amst.* 1765. *in*-8.

569 L'Art de Connoître les hommes, par de la Chambre. *Amst. Elzev.* 1660. *in*-12.

570 Ecole du Gentilhomme. *La Haye*, 1761. *in*-12.

571 Paradoxes, ou les Opinions renversées de la plûpart des hommes. *Rouen.* 1638. *in*-12. *v. f.*

572 Le Militaire en solitude, ou le Philosophe Chrétien. *La Haye*, 1736. *in*-12.

573 Traité de l'Esprit de l'homme, par de la Forge. *Amst. in*-12.

574 L'Esprit du Siécle, par de S. Hilaire. *Paris*, 1746. *in*-12.

575

576 Les Hommes, par de Varennes. *Paris*, 1734. 2 *vol. in*-12.

577 The Spectator. *London.* 1744. 8 *vol. in*-12.

578 Le Spectateur, ou le Socrate moderne, trad. de l'Anglois. *Amst.* 1756. 7 *vol. in*-12.

579 The Guardian. *Edimb.* 1754. 2 *vol. br.*

580 The Lively Oracles given to us, by Whole Duty of Man, &c. *Oxford.* 1678. *in*-8.

581 The Ladies Calling by Whole Duty of Man, &c. *Oxford.* 1676. *in*-8.

582 Della Institution Morale di Piccolomini, Libri III. *Vener.* 1575. *in*-4.

583 Characteristicks of men, manners Opinions, Times, &c. by Shaftesbury. *Lond.* 1733. 3 *vol. in*-12. *br.*

584 The Complaint or Night-Thoughts. 1758. *in*-8. *br.*

585 Eclairciſſement ſur les Mœurs, par Touſſaint. *Amſt.* 1762. *in*-12.

586 Le Miroir qui ne flatte point, par de la Serre. *Paris*, 1639. *in*-12.

587 Le Monde, par Adam Fitz-Adam. *Leide*, 1757. 2 *vol.* 1636. *in*-12.

588 Revelation Examin'd with Candour. *Lond.* 1732. *in*-8.

589 The Life of the Emper. Marcus Antonius tranſlated by Collier. *Lond.* 1708. *in*-8.

590 The Meditations of the Emperor Marc. Aurel. Antonius. *Glaſg.* 1752. *in*-12. *br.*

591 Le Réformateur. *Amſt.* 1756. 2 *tom.* 1 *vol. in*-12. *v. ſ. tr. f.*

592 Le Spectateur Franç. par de Marivaux. *Paris*, 1754. 2 *vol. in*-12.

593 La Fable des Abeilles, ou les Fripons devenus honnêtes-gens, trad. de Mandeville. *Lond.* 1750. 4 *vol. in*-12.

594 Conſeils de l'Amitié, par l'Abbé Pernetti. *Lyon*, 1746. *in*-12.

595 Eſſais ſur les Paſſions & ſur leurs Caracteres, par M Montenault. *La Haye*, 1748. 2 *vol. in*-12.

596 Reflexions ſur les défauts d'autrui, par de Villiers. *Paris*, 1734. 2 *vol. in*-12.

597 L'Ecole du Monde, par le Noble. *Par.* 1694. 4 *vol. in*-12. *v. f. d. ſ. t.*

598 Les Etudes convenables aux Demoiſelles, par Panckoucke. *Par.* 1762. 2 *vol. in*-12.

599 Cours des Sciences, par le P. Buffier. *Par.* 1732. *vol. in-folio.*

600 L'Homme d'un Livre, ou Biblioth. dans un ſeul petit livre, par Eud. de l'Arche. *Leyde*, 1718. *in*-12.

601 Magazin des Enfans, par Mad. le Prince de Beaumont. *Leyde*, 1757. 4 *tom.* 2 *vol. in*-12.

602 Magazin des Adoleſcentes, par la même. *Leyde*, 1760. 4 *tom.* 2 *vol. in*-12.

603 Teſtament, ou Conſeil d'un Pere à ſes Enfans, par de la Hoguette. *Amſt.* 1696. *in*-12.

604 De l'Education des Enfans, trad. de l'Angl. de Locke, par Coſte. *Amſt.* 1744. 2 *vol. in*-12.

605 Diſcours Œconomique, montrant comme de cinq cens livres, pour une fois employées l'on peut tirer par an quatre mille cinq cens livres de profit honnête, par Prudent le Choiſelat. *Rouen*, 1612. *in*-12.

Politique.

606 Aristotelis Politicorum Libri VIII. *Lugd. Bat. Elzev.* 1621. *in-8.*

607 Hobbes Leviathan. *Rotterd.* 1670. *in-4.*

608 Hobbes Elementa Philosophica de Cive. *Amst.* 1742. *in-12.*

609 Epistolica Dissertatio de Principiis justi & decori continens Apologiam pro Tractatu Hobbæi de Cive. *Amst. Elzev.* 1651. *in-12.*

610 Elemens Philosophiq. du Citoyen, par le même. *Amst.* 1689. *in-12.*

611 Le Corps Politique, ou les Elemens de la Loi morale & civile, par le même. 1652. *in-12. m. r.*

612 Des Corps Politiq. & de leurs Gouvernemens. *Lyon*, 1766. 3 *vol. in-12.*

613 Junii Bruti (Hub. Langueti) Vindiciæ contra Tyrannos. *Francof.* 1608. *in-8. m. r.*

614 De la Puissance légitime du Prince sur le Peuple, & du Peuple sur le Prince, par le même (H, Languet). 1581. *in-8. m. r,*

615 De Optimo Reipublicæ statu de que nova insula Utopia Libri II. aut. Moro. *Glasg.* 1750. *in-12.*

616 Marianâ de Rege & Regis institutione. *Francof.* 1611. *in-8.*

617 Tutte le Opere di Machiavelli. 1550. *in-4.*

618 Tutte le Opere di N, Machiavelli. *Haya.* 1726. 4 *vol. in-12.*

619 Œuvres de Machiavel. *La Haye*, 1743. 6 *vol. in-12.*

620 L'Anti-Machiavel, ou Examen du Prince de Machiavel, par M. de Voltaire. *Amst.* 1747. *in-12.*

621 Hieron, ou Portrait de la condition des Rois, par Xénophon, Gr. & Franç. par Coste. *Amst.* 1711. *in-12.*

622 Les Devoirs de l'homme & du citoyen, trad. du B. de Puffendorf, par Barbeyrac. *Lond.* 1741. 2 *vol. in-12.*

623 La Politique du Chev. Bacon. *Lond* 1742. *in-12.*

624 Discours sur le Gouvernement, par Sidney, trad. par Sanson. *La Haye*, 1702. 3 *vol. in-12.*

625 L'Homme détrompé, ou le Criticon de Baltaz. Gracien. *La Haye*, 1709. 3 *vol. in-12.*

626 Le Parfait homme de Guerre, *Par.* 1697. *in-12.*

627 Science des Princes, ou Considérations Politiques sur les coups d'Etat, par Naudé. 1673. *in-8.*

628 Science des Princes, ou Considérations Politiq. sur les coups d'Etat, par le même. *Par.* 1752. 3 *vol. in-12.*

629 Considérations Politiq. sur les coups d'Etat, par le même, avec les Remarques (de Louis du May). *Rome*, 1673. *in-8.*

630 Les mêmes. *Holl.* 1639. *in-12.*

631 Discours Politiq. & Militaires de la Nouë. *Basle*, 1587. *in 8.*

632 Le Ministre d'Etat, par de Silhon. *Holl.* 1641. 3 *vol. in-12.*

633 Mussladini Sadi Rosarium politicum, cum not. Gentii. *Amst.* 1661. *in-folio*

634 Mescolanze d'Egidio Menagio. *Parigi*, 1678. *in-8.*

635 Cortegiano, libro del conte Baldesard Castiglione. *Venet. Ald.* 1528. *in-fol. d. s. t.*

636 L'Ami des hommes, par M. Mirabeau. *Avig.* 1756. 5 *vol. in-4.*

637 Le Breviaire des Courtisans, par de la Serre. *Par. in-12. fig.*

638 Question Royale & sa décision, par de S. Cyran. *Par.* 1609. *in-12.*

639 Lettres à un jeune Prince, par un Ministre d'Etat chargé de l'élever, de l'instruire. *Amst.* 1755. *in-12.*

640 Le Miroir & Institution du Prince, par Maugin. *Par.* 1573. *in-8. v. f.*

641 Le Free-Holder, ou l'Anglois jaloux de sa liberté. *Amst.* 1727. *in-12.*

642 Le Persan en Empire, ou Correspondence dans les principales Cours de l'Europe. *La Haye*, 1742. *in-12.*

643 L'Espion de Thain. Kouli-kan dans les Cours de l'Europe, par Rochebrune. *Colog.* 1746. *in-12.*

644 Les Intérêts présens des Puissances de l'Europe, par Rousset. *La Haye*, 1734. 17 *vol. in-12.*

645 Les mêmes. *La Haye*, 1736 3 *vol. in-4.*

646 Testament Politiq. d'Albéroni. *Lausane*, 1754. *in-12.*

647 Ouvrages de Politiq. de l'Abbé de Saint-Pierre. *Rotterd.* 1738. 19 *vol. in-12.*

649 Discours sur la Polysynodie, par le même. *Amst.* 1719. *in-12.*

650 L'Ambassadeur & ses Fonctions, par Wicquefort. *La Haye*, 1790. 2 *vol. in-4.*

651 Mémoir. & Instruct. pour les Ambassadeurs, par de Walsingham. *Amst.* 1700. *in-4.*

Finances & Commerce.

652 Mémoire pour servir à l'Hist. générale des Finances, par Déon de Beaumont. *Lond.* 1758. 2 *vol. in.*12.

653 Essai sur les Monnoies, ou Reflexions sur le rapport entre l'argent & les denrées, par Dupré de S. Maur. *Par.* 1746. *in-4.*

654 Traité des Monnoies, par de Bettange. *Avig.* 1760. 2 *vol. in-*12.

655 Réflexions sur le même Livre. *Par.* 1716. *in-*12.

656 Projet d'une Dîme Royale, par de Vauban. 1707. *in-*12.

657 Recherches & Considérations sur les Finances de France, par M. Forbonnais. *Basle.* 1758. 2 *vol. in-4.*

658 Considérations sur les Finances d'Espagne, par le même. *Dresde.* 1754. *in-*12.

659 Reflexions Politiq. sur les Finances & sur le Commerce, par Dutot. *Par.* 1755. 2 *val. in-*12.

660 Examen du même Livre, par Deschamps. *La Haye*, 1740. 2 *vol. in-*12.

661 Traité sur le Commerce & la réduction de l'intérêt de l'argent, par Child. *Amst.* 1744. *in-*12.

662 Recherches sur la valeur des monnoies & sur le prix des grains *Par.* 1762.... Considérations sur les Moyens de rétablir en France les bonne especes de bêtes à laines. *Paris*, 1762. *in-*12.

663 A. Survey of Trade by Wood. *Lond.* 1722. *in-8.*

664 Manuel Historique, Géographique & Politique des Négocians. *Lyon*, 1762. 3 *vol. in-8.*

665 Elémens du Commerce, par M. Veron de Forbonnais. *Par.* 1754. 2 *vol. in-*12.

666 Essai sur les causes du déclin du Commerce, par M. l'Abbé de Gua de Malves. 1757. 2 *vol. in-*12.

667 Essai sur la nature du Commerce. *Lond.* 1755. *in-*12.

668 Le Négociant Anglois : The British Marchant. *Par.* 1753. 2 *vol. in-*12.

669 Traité sur le Commerce & sur les avantages qui resultent de la réduction de l'intérêt de l'argent par Child, trad. par M. Butel du Mont. *Par.* 1759. 2 *vol. in-*12.

669 * Remarques sur les Avantages & Désavantages de la France & de la Grande-Bretagne, par rapport au Commerce, par M. Danguel. *Par.* 1754. *in*-12.

670 Essai Politique sur le Commerce, par Mellon. *Par.* 1736. *in*-12.

671 Le grand Trésor Historique & Politique du florissant Commerce des Hollandois. *Rouen*, 1712. *in*-12.

672 Essai sur l'Etat du Commerce d'Angleterre. *Lond.* 1755. 2 *vol. in*-12.

673 Théorie & Pratique du Commerce & de la Marine, par de Ustariz. *Par.* 1753. *in*-4.

674 The Theory and Practice of Commerce and maritime affairs by Geron de Uztariz transl. by Kippax. *Lond.* 1751. 2 *vol. in*-8.

675 Essai sur l'intérêt du Commerce maritime, par d'Heguerty. *Par.* 1754. *in*-12. *gr. p. m. r.*

676 Hist. du Commerce & de la Navigation des Egyptiens, par Ameilhon. *Par.* 1766. *in*-12.

677 Essai sur la Marine & sur le Commerce, par Deslandes. *Par.* 1745. *in*-8.

678 Reflexions sur les avantages des Toiles peintes en France. *Par.* 1758.... l'Etat des Arts en Angleterre. *Par.* 1755. *in*-12.

Métaphisique.

679 Essai Philosophique sur l'Entendement humain, par Locke, trad. par Coste. *Amst.* 1742. *in*-4.

680 Traité Philosophique de la foiblesse de l'esprit humain, par Huet. *Lond.* 1741. *in*-12.

682 Le Newtonianisme pour les Dames, par Duperron de Castera. *Par.* 1738. 2 *vol in*-12.

683 De la Certitude des Connoissances humaines. *Lond.* 1741. *in*-12.

684 [illegible] *m. r.*

685 Dissertation sur l'Immatérialité & l'Immortalité de l'Ame, par Astruc. *Par.* 1755. *in*-12.

686 Traité des Animaux, par de Condillac. *Par.* 1755. *in*-12.

687 [illegible]

688 Entretiens sur la nature de l'Ame des bêtes. *Basle.* 1760. *in*-12.

689 Hist. critique de l'Ame des bêtes, par Guer. *Amst.* 1749. 2 *vol. in*-12.

690 Psychologie, ou Traité sur l'Ame, par Wolf. *Amst.* 1755. *in*-12.

691 Apologie des Bêtes, par de Beaumont. *Par.* 1732. *in*-8.

692 Venus Physique, par de Maupertuis. *La Haye*, 1746. *in*.12.

693 Essai Philosophique sur l'Ame des bêtes, par Boullier. *Amst.* 1728. *in*-12.

693 * Amusement Philosophique sur le langage des Bêtes, par le P. Bougeant. *Par.* 1739.... Hist. de Louis Mandrin. *Par.* 1755. *in*-12.

694 C. Agrippa Opera. *Lugd. per Beringos Fratres.* 2 vo.. *in*-8.

694 * La Philosophie occulte de C. Agrippa. *La Haye*, 1727. 2 *vol. in*-8.

695 La même. *La Haye*, 2 *vol. in*-8. *gr. p.*

696 Encheridion Leonis Papæ. *Romæ*, 1660. *in*-24.

697 Psellus de Operatione Dæmonum è Græco translatus. *Par.* 1577. *in*-12.

698 Le Comte de Gabalis, ou Enrretiens sur les Sciences secretes. *Colog. in*-12. *l. v. r. m. v. d. m. v.*

699 Hist. des Diables de Loudun. *Amst.* 1716. *in*-12.

700 Lettres sur la Baguette. *Par.* 1696. *in*-12.

701 La Géomance, Abrégée de la Taille. *Par.* 1574. *in*-4.

702 La Chiromance, par de Peruchio. *Par.* 1656. *in*-4.

703 De la Demonomanie des Sorciers, par Bodin. *Par.* 1581. *in*-4.

704 Malleus Maleficarum Meleficicas, & earum hæresim. *in*-8.

705 Delrio Disquisitionum Magicarum Libri VI. *Lugd.* 1604. *in*-4.

706 Discours des Sorciers, avec six advis en faict de Sorcelerie, par Boguet. *Lyon*, 1610. *in*-8.

707 L'Incrédulité Mescreance du sortilege plainement convaincue, par de Lancre. *Par.* 1622. *in*-4.

Physique.

708 Teichmeyeri Elementa Philosophiæ naturalis experimentalis. *Jenæ* 1624. *in*-4.

709 Burnetii Telluris Theoria Sacra, Originem & Mutationes Generales orbis nostri. *Amst.* 1699. *in*-4

710 Traité de Physique, par Rohault. *Par.* 1671. *in*-4.

711 Œuvres diverses de Physique & de Méchanique de Perrault. *Leyde*, 1721. 2 *tom.* 1 *vol. in* 4.

712 Les Entretiens Physiques du P. Regnault. *Par.* 1745. 5 *vol. in*-12.

713 Essais de Physiqne de Muschenbroke, trad. par Massuet. *Leyde*, 1731. 2 *vol.* *in*-4.

714 Cours de Physique, par Desaguliers, trad. par le P. Pezenas. *Par.* 1751. 2 *vol.* *in*-4.

715 Nouv. Vues sur le Systême de l'Univers, par l'Abbé de Ponbriant. *Par.* 1751. *in*-8.

716 Manuel Physique, par Ferapie Dufieu. *Lyon*, 1760. *in*-8.

717 Entretiens sur un Nouv. Systême de Morale & Physique. *Par.* 1721. *in*-12.

718 Mêlange de Physique & de Morale, par M. de la Cure. *Paris*, 1761. *in*-12.

719 Telliamed, par de Maillet. *Amst.* 1748. 2 *vol.* *in*-8. *br.*

720 Observations in Physick, by Apperley. *Lond.* 1731. *in*-8. *br.*

721 La nature expliq. par le raisonnement & l'expérience, par Denyse. *Paris*, 1719. *in*-12.

722 Leçons de Physique Expérimentale, par l'Abbé Nollet. *Par.* 1764. 6 *vol.* *in*-12. *br.*

723 Essai sur l'Electricité des corps, par Nollet. *Paris*, 1746. *in*-12.

724 Essai sur la nature, les effets & les causes de l'Electricité, par Winckler. *Paris*, 1748. *in*-12.

725 De la Recherche de la Vérité, par le P. Malebranche. *Par.* 1700. 4 *vol.* *in*-12.

Histoire Naturelle.

726 Dictionnaire portatif d'Histoire Naturelle. *Paris*, 1763. 2 *vol.* *in*-8.

727 Hist. Naturelle de l'Univers, par Colonne. *Paris*, 1734. 4 *vol.* *in*-12. *m. r.*

728 Spectacle de la Nature, par Pluche. *Paris*, 1746. 5 *vol.* *in*-12.

729 Lettres (XI.) à un Amériquain, par le Large de Lignac. *Amst.* 1751. 3 *vol.* *in*-12.

730 Æmyliani Naturalis de Ruminantibus Historia. *Venet.* 1584. *in*-4.

731 Borelli Hortus seu Armamentarium Simplicium, Mineralium Plant. Animalium, &c. *Castris.* 1666. *in*-8.

732 Observations périodiq. sur la Physique, l'Histoire naturelle & les Arts, par Toussaint, avec les planches en couleur par Gautier. *Paris*, 1756. 3 *vol.* *in*-4.

733 C. Linnæi Systema naturæ.... Ejusd. Oratio de necessitate peregrinationum *Lugd. B.* 1747. *in-8.*

734 Mémoire instructif sur la maniere de rassembler, de préparer, de conserver diverses curiosités d'Histoire naturelle. *Lyon*, 1758. *in-8. fig.*

735 Géographie Physique, ou Essai sur l'Histoire naturelle de la terre, trad. de Wodward par Noguez. *Par.* 1735. *in-4.*

736 The Natural History of Earth, by Camerarius. *Lond.* 1726. 2 *vol. in-8. br.*

737 A. Kircheri Mundus subteraneus. *Amst.* 1678. 2 *vol. in-fol.*

738 Kleniani, Descriptiones Tubulorum Marinorum in quorum censum relati Lapides Caudæ Cancri. *Gedam.* 1731 *in-4. c. m. v. f. tr. f.*

739 Natural History of the Fossils of England, by Woodward. *Lond.* 1729. 2 *tom.* 1 *vol. in-8.*

740 A Treatise of the Fossil, Vegetale, and Animal Sustances, by Douglas. *Lond.* 1736 *in-8.*

741 Dictionn. Universel des Fossiles propres & des Fossiles accidentels, par Bertrand. 1763 *in-8.*

742 Dargenville, Enumerationis Fossilium. *Paris. in-8. m. r.*

743 Ordre naturel des Oursins de mer & Fossiles, par Klein. *Par.* 1754. *in-8.*

744 Essai sur l'Histoire Naturelle de la Mer Adriatique, par Donati. *La Haye*, 1758. *in-4. enluminé.*

745 Essai sur l'Histoire Naturelle des Corallines, par Ellis. *La Haye*, 1756. *in-4. enluminé.*

746 Hist. Physique de la Mer, par Marsilli. *Amst.* 1725. *in-fol.*

747 Description du Danube, par le même. *La Haye*, 1744. 6 *vol. in-fol. gr. p.*

748 N. Sendelii Historia Succinorum corpora aliena involventium. *Lipsiæ* 1742. *in-fol. C. M.*

749 Lettres Philosophiques sur la formation des Sels & des Crystaux, par Bourguet. *Amst.* 1729. *in-12.*

750 L'Art des Mines, ou Introduction aux Connoissances des mines métalliques, par Lehmann. *Par.* 1759. 3 *vol. in-12.*

751 De la Fonte des mines, des Fonderies, &c. trad. de Schluter, par Hellot. *Par.* 1750. *in-4.*

752 Traité de l'Art métallique, extr. des Œuvres d'Alfonce Barba. 1730. 2 *vol. in-12.*

753 Traité singulier de Métallique, contenant toutes sortes de

métaux & minéraux, par de Perez de Vergas. *Par.* 1730. *in*-12. *fig.*

654 Traité des Tourbes conbustibles, par Patin. *Par.* 1663. *in*-4.

755 Les Merveilles des Indes orientales & occidentales, ou Nouv Traité des Pierres précieuses & Perles, par de Berquen. *Par.* 1669. *in*-4.

756 Le Mercure Indien, ou le Trésor des Indes, par de Rosnel. *Par.* 1668. *in*.4.

757 Kircheri, Magnes sive de Arte magnetica opus tripartium. *Romæ*, 1641. *in*-4.

758 Leonardi Speculum Lapidum. *Paris.* 1590. *in*-12.

759 Traité des Pierres qui s'engendrent dans les terres & dans les animaux, par Venette. *Amst* 1701. *in*-12.

760 Le Parfait Joaillier, ou Hist. des Pierreries, par Boct, *Lyon*. 1544. *in*-8.

761 Le Moyen de devenir Riche, par Palissy. *Par*, 1636. *in*-8.

762 Traité des Pierres précieuses & de la maniére de les employer en parure, par Pouget. *Par.* *in*-4.

763 Baccii de Thermis. *Romæ*, 1622. *in-fol.*

764 Bauhinus de Thermis. *Montisb.* 1600. *in*-4.

765 Ravivamento, o sia discorso dimostrativo di Ardizzone sopra l'essenza caose & effecti delle Acque minerali del monte di Corsena *Genev.* 1680 .. Lachmund, Oryctographie Hildesheimensis sive admirandorum Fossilium Hildesh. 1669. *in*-4.

766 De Bonitate aquarum fontanæ & cisterninæ, Thurino Bononiæ. 1543. *in*-4.

767 Méditations sur l'origine des fontaines, l'eau des Puits, par Kuhn. *Bord.* 1712. *in*-4.

768 Schotti Anatomia Physico Hydrostatica fontium ac fluminum *Herbipoli* 1667. *in*-12.

769 Observat. sur les Eaux minérales de plus. provinces de France, par Duclos. *Par.* 1675. *in*-12.

770 Traité des Eaux minérales de Bourbonne-les-Bains, par Baudry. *Dijon.* 1736. *in*-8.

771 Traité des Eaux de Bourbon, par Pascal. *Par.* 1699. *in*-12.

772 Dissertation sur les Eaux de Bourbonne, par Charles. *Besanç.* 1749. *in*-12.

773 Traité des Eaux minérales d'Attancourt, par Baugier. *Chaalons*, 1696. *in*.12..

774 Traité des Eaux minérales de Provins, par le Givre. *Par.* 1659. *in-12.*

775 Massaci Pugeæ seu de Lymphis Pugeacis libri duo. *Par.* Les Fontenes de Pougues, par le même. *Par.* 1605... Trezieme Livre de Métamorphose mis en vers Franç. par le même. *Par.* 1605. *in-16. v. f.*

776 N. Traité des Eaux minérales de Forges, par Linand. *Par.* 1696. *in-8.*

777 N. Systême des Eaux minérales de Forges, par Larouviere. *Par.* 1699 *in-12.*

778 Traité des Eaux minérales de Merlange. *Par.* 1766. *in-12.*

779 Eaux minérales de Vichy, par Fouet. *Par.* 1686. *in-12.*

780 N. Systême des Bains & Eaux minérales de Vichy, par le même. *Par. in-12.*

781 Le Secret des Bains & Eaux de Vichy, par le même. *Par.* 1686. *in-12.*

782 Traité des Eaux minérales de Vichy, par Chomel, avec les Observations de Duclos. *Par.* 1738. *in-12.*

783 Spadacrene, ou Dissertat. Physiq. sur les Eaux de Spa, par Chrouet. *La Haye*, 1739. *in-12.*

Hist. Naturelle, Agriculture des Plantes, des Arbres, Fruits & Fleurs.

784 Dictionn. Universel d'Agriculture & de Jardinage. *Par.* 1751. 2 *vol. in-4.*

785 Palladii de Re Rustica Libri XIII. *Paris.* 1543... Priscarum vocum enarrationes in libros de re Rustica. *Par.* 1543. Beroäldi Annot. in Collumellam. *Par* 1543. *in-12.*

786 Porci Catonis de Agricultura sive de re Rustica liber stud. Meursi. *Antv.* 1698. *in-8.*

786 * Catonis, Varronnis, Palladii de re Rusticæ. *Lugd.* 1537. *in-8.*

787 Scriptores Rei Rusticæ veteres Cat. cùm variorum not. cur. Gesnero. *Lipsiæ*, 1735. 2 *vol. in-4.*

788 Instruction pour les Jardins fruitiers & potagers, par de la Quintinye. *Par.* 1756. 2 *vol. in-4.*

789 L'Agriculture parfaite, trad. de l'Allemand d'Agricola. *Amst.* 1732. 2 *vol. in-8.*

790 La Culture parfaite des Jardins fruitiers & potagers, par Liger. *Par.* 1702. *in-12.*

791 Calendrier des Jardiniers, trad. de Bradley. *Par.* 1750. *in*-12

792 Le Ménage des champs & de la ville. *Luxemb.* 1747. *in*-12.

793 Les Agrémens de la Campagne. *Leyde*, 1750. *in*-4.

794 Traité de la Culture & la Plantation des Arbres, par le Roux. *Par.* 1750. *in*-12.

795 Le Gentilhomme Cultivateur, par Dupuy Demportes. *Par.* 1762. 16 *vol.* *in*-12.

796 Essai sur l'Administration des Terres. *Par.* 1759.... Recueil de quelques pièces intéressantes sur l'Inoculation de la petite Vérole. *La Haye*, 1755. *in*-8.

797 Traité sur la Nature & sur la Culture de la vigne, par Duhamel. *Par.* 1759. 2 *vol.* *in*-12.

Histoire Naturelle.

798 Seguieri Bibliotheca Botanica. *Hagæ.* 1740. *in*-4.

799 Bumaldi Bibliotheca Botanica. *Bonon.* 1657. *in*-24. *m. r.*

800 Démonstrations Elementaires de Botanique, à l'usage de l'Ecole Royale Vétérinaire, par Bourgelat. *Lyon*, 1766. 2 *vol.* *in*-8.

800* Raii Methodus Plantarum. *Lond.* 1733. *in*-8.

801 Anatomie des Plantes, trad. de l'Angl. de Grew, par le Vasseur. *in*-12. *fig.*

802 Theophr. Eresii de Historia Plantarum Libri X. Gr. & Lat. *Amst.* 1644. *in-fol.*

803 Eusebii Historiæ Naturæ *Antverp.* 1636. *in-fol.*

804 Matthioli Comment. in Libros VI. Dioscoridis. *Lugduni.* 1563. *in*-4.

805 Matthiolus in Dioscoridem, *Venet. Valgr.* 1565. *in-fol.*

806 Matthioli Comment. in Dioscoridem. *Venet.* 1569. *in-fol.*

807 Les Commentaires de Matthiole sur Dioscoride, par du Pinet. *Lyon*, 1680. *in-fol.*

808 Matthioli de plantis Epitome utilissima. *Francof.* 1586. *in*-4.

809 Clusii Rariorum Plantarum Historia. *Antv.* 1601.... Ejusd. Clusii Exoticarum Libri X. *Antv.* 1605. *in-fol.*

810 Dorsthenii Botanicon, continens Herbarum aliarumque simplicium. *Francof.* *in-fol.*

811 Fabii Columnæ Phytobasanos acced. vita Fabii & Lynceorum notitia cum Janno. Planeo. *Mediolani.* 1744. *in*-4.

812 L. Pluckenetii Phytographia Partes III. Almagestum Bota-

nicum, Almagesti Botanici & Almatheum Botanicum *Lond.* 1607. 6 *vol. in-fol.*

813 Ruellii de Natura Stirpium Libri XIII. *Parif.* 1536. *in-fol.*

814 De Lobel Historia Plantarum. *Lond.* 1605. *in-fol.*

815 De Lobel, Plantarum seu Stirpium Historia. *Antv.* 1576.... Ejusdem nova Stirpium adversaria cum addition. Rondelletii, *Amst.* 1576. *in-fol.*

816 Dodonæi, Frumenterum Leguminum, Palustrium & Aquatilium Herbarum Historia. *Antv.* 1566. *in-8.*

817 Dodonæi, Stirpium Historiæ Libri XXX. *Antv.* 1616. *in-fol.*

818 Hist. des Plantes par Dodoens, revue par de l'Ecluse. *Antv.* 1567. *in-fol.*

819 Brunf. Herbarium vive Eicones. *Argent.* 1532. *in-folio.*

820 Plantarum, Cognitarum Centuria III. complectens Plantas circa Byzantium & in oriente observatas per Buxbaum. *Petropoli*, 1728. *in-4.*

821 Bouhini, Theatri Botanici. *Francof.* 1620. *in-4.*

822 Bouhini Pinax Theatri Botanici. *Basil.* 1671. *in-4.*

822 * Hist. générale des Plantes, trad. du Lat. de Dalechamp, par Desinoulin. *Lyon*, 1653. 2 *vol. in-gol.*

823 Hist. des Plantes de l'Europe, par Bauhin. *Lyon*, 1762. 2 *vol. in-12.*

824 Raii Historia Plantarum generalis. *Londini*, 1693. 3 *vol. in-folio.*

825 Mémoires pour servir à l'Histoire des Plantes, par Dodart. *Par.* 1679. *in-12.*

826 Elemens de Botanique, par Tournefort. *Par. Imp.* R. 1694. 3 *vol. in-8. fig.*

827 Tournefort institutiones Rei Herbariæ. *Paris. è typog.* R. 1700. 3 *vol. in-4.*

829 Zanoni Istoria Botanica. *Bologn.* 1675. *in-folio.*

830 Zanonii Rariorum Stirpium Historia. *Bonon.* 1742. *in-fol.*

831 Hist. des Plantes Usuelles, par Chomel. *Par.* 1738. 3 *vol. in-12.*

832 Journal des Observations Physiques, Mathématiques & Botaniques, par Feuillée. *Par.* 1714. 2 *vol. in-4.*

833 Mémoires & Instructions pour le plant des Meuriers blancs & nourriture des vers-à-soie, par Isnard. *Par.* 1665. *in-8.*

834 Recherches sur l'usage des feuilles dans les plantes, par Bonnet. *Gott.* 1757. *in-4. f.*

Histoire particuliere des Plantes de divers pays, Jardins publics & particuliers.

835 Pontederæ Compend. Tabular. Botanicarum. *Patavii*, 1718. *in-4.*

836 Boccone, Icones & Descriptiones rariorum Plantarum. Siciliæ, Melitæ, Galliæ & Italiæ *e Theat-Sheld.* 1664. *in-4. v. f. tr. f.*

837 Triumfetti, Observationes de Ortu ac Vegetatione Plantarum. *Romæ*, 1685. 2 *vol. in-4.*

838 Borellii Plantæ, per Galliam, Hispaniam & Italiam Observatæ. *Paris.* 1714. *in-fol.*

839 Ejusd. Borellii. *Paris.* 1714. *in-fol. C. M.*

840 Morandi Botanica Practica seu Plantarum quæ ad usum Medicinæ pertinent cum color. de pictis. *Mediolani.* 1644. *in-fol. v. e. tr. f.*

841 Tournefort, Schola Botanica sive Catologus plantarum Horti Regii. *Amst.* 1699 *in-12.*

842 Joncquet, Hortus Regius Parisiensis. *Paris.* 1665 *in-fol.*

843 Joncquet, Parisiensis Hortus. *Paris.* 1659. *in-4.*

844 Description du Jardin Royal, par Brosse. *Par.* 1663. *in-4.*

845 Le Jardin du Roi, par Robin. *Par.* 1608. *in-fol.*

846 Histoire des Plantes aux environs de Paris, par Tournefort. *Par.* 1725. 2 *vol. in-12.*

847 Le Jardin & Cabinet Poëtiq. de Paul Contant. *Poitier*, 1609,

848 Vaillant, Botanicon Parisiense. *Amst.* 1727. *in-fol.*

849 Ejusd. Vaillant, Botanicon Parisiense. *Amst.* 1727. *in-fol. C. M.*

850 Histoire des Plantes de Provence, par Garidel. *Aix.* 1615. *in-fol. m. r.*

851 Botanicum Monspeliense sive Plantarum circa Monspelium nascentium aut. Magnol. *Monsp.* 1696. *in-8.*

852 * Hortus Regius Monspeliensis sive Catalog. Plantarum quæ in Horto Regio Monspeliensi Demonstrantur aut Magnol. *Monsp.* 1697. *in-8*

852 Ant. Goüan Hortus Regius Monspeliensis. *Lugd.* 1762. 2 *vol. in-8.*

853 Mappi Historia Plantarum Alsaticarum stud. Ehrmanni. *Argent.* 1732. *in-4.*

854 Comelini Horti Medici Amstelodamensis rariorum plantarum Descriptio. *Amst.* 1697. 2 *vol. in-fol.*

855 Henr. à Rheide Hortus Indicus Malabaricus. *Amst.* 1688, 12 *vol. in-fol.*

855 * Flora Malabarica sive Hortu Malabarici Catalogus. *Lugd.* 1696. *in-fol*

856 Clifford, Hortus Cliffortianus. *Amst.* 1737. *in-fol.*

857 Muntingii Phytographia curiosa. *Lugd. Bat.* 1702. *in-fol.*

858 Rumphii Herbarium Amboinense, Belgice & Lat. cum Observat. Burmanni & Auctuario. *Amst.* 1741. 7 *vol. in-fol.*

859 Dillenii, Hortus Elthamensis. *Lond.* 1732. 2 *vol. in-folio. C. M. br.*

860 Herbier d'Elizab. Blackwel. *Lond.* 1737. 2 *vol. in-fol. avec 500 planches.*

861 Burmanni Thesaurus Zeylanicus, exhibens Plantas Insulæ Zeylanæ. *Amst.* 1737. *in-4. fig.*

862 Ferrarii Flora seu Florum cultura Libri IV. accur. Rottendorffio. *Amst.* 1664 *in-4. fig. v. f.*

863 Flora overo Cultura di fiori del Ferrari. *Roma*, 1638. *in-4.*

864 Floræ Danicæ Iconum 1761. *in-fol v. éc. tr. f.*

865 Scheuhzeri Herbarium Diluvianum. *Lugd. Bat.* 1723. *in-fol.*

866 Jonstoni Dendographia sive de Arboribus Fructicibus. *Francof.* 1662. *in-fol.*

867 Wepferi Historia Cicutæ Aquaticæ. *Basil.* 1716. *in-4.*

868 Hist. Naturelle de la Cochenille, par de Ruasschet. *Amst.* 1729. *in-8.*

869 Ferrarii Hesperides sive de malorum aureorum Cultura & usu Libri IV. *Roma*, 1646. *in-fol.*

870 Cornuti Hist. Plantarum Canadensium cum subjuncto Botanico Parisiense Enchiridion. *Par.* 1635. *in-4. fig.*

871 Traité des Fougeres de l'Amérique, par Plumier. *Par.* 1705. *in-fol. gr. p.*

872 Jardin des Fleurs, par Crispian. *Utrecht*, 1720. *in-4 obl.*

873 Remarq. nécessaires pour la Culture des Fleurs, par Morin. *Par.* 1658. *in-8.*

874 Florilegium amplissim. & selectissim. aut. Swertio. *Amst.* 1647. *in-fol.*

875 Paulli Comment. de Abusu Tabaci & Herbæ Thee. *Argent.* 1665. *in-4.*

Histoire Naturelle des Animaux.

876 Charletoni exercitationes de differentiis & nominibus animalium *Oxon.* 1677. *in-folio.*

877 Charletoni Onomasticon Zoicon. *Lond.* 1668. *in-4.*

878 Dictionn. raisonné & universel des Animaux, par Desbois. *Par.* 1759. 4 *vol. in-4.*

879

879 Aristotelis de Animalium Gr. *Francof.* 1585. *in-4.*

880 Gesneri, Hist. Animalium. *Tiguri.* 1551. 3 *vol. in-fol.*

881 Jonstoni, Hist. Animalium. *Amst.* 1657. 2 *vol. in-folio.*

882 Ruysch. Theatrum Animalium. *Amst.* 1718. 2 *vol. in-fol.*

883 Sebæ Rerum naturalium Thesauri accurata Descriptio, &c. *Amst.* 1734. 2 *vol. in-folio. C. M.*

884 Le Regne Animal, par Brisson, en Lat. & Fr. *Par.* 1756. *in-4.*

885 The British Zoology de Quadripedibus. *Lond.* 1766. *in-fol. gr. p. enlum.*

Histoire particuliere des Oiseaux.

886 Aldrovandi, Ornithologiæ. *Francof.* 1610. *in-fol.*

887 Barrere, Ornithologiæ Specimen novum sive series avium in ruscinone. *Perpin.* 1758. *in-4.*

888 Willughbeii, Ornithologiæ Libri III. *Londini*, 1676. *in-fol.*

889 Histoire des Oiseaux, par Belon. *Par.* 1555. *in-fol.*

890 Histoire Naturelle des Oiseaux, par Derham. *La Haye*, 1750. 3 *vol. in-4.*

891 Ornithologie ou Méthode contenant la division des Oiseaux, par Brisson. *Par.* 1760. 6 *vol. in-4. v. f. tr. f.*

892 Uccelliera overo discorso della natura è proprieta di diversi Uccelli Opera di Olina. *Roma.* 1622. *in-4.*

893 Delle ova e de'Nidi de gli Uccelli da Zinanni. *Venez.* 1737. *in-4.*

Histoire particuliere des Poissons.

894 Rondeletii de Piscibus marinis. *Lugd.* 1653. *in-fol.*

895 Nature & diversité des Poissons, par Belon. *Par.* 1555. *in-8. obl.*

896 Aldrovandi de Piscibus Libri V. *Bononiæ*, 1623. *in-fol.*

897 Rumphii Thesaurus Piscium Testaceorum, Cochlearum, Conchyliorum, Mineralium, &c. *Lugd. Bat.* 1711. *in-fol.*

898 Klein, Historiæ Piscium missus secund. & tertius. *Gedani*, 1742. 2 *vol. in-4. br.*

Histoire particuliere des Insectes, des Coquillages, &c.

898 * Monfeti Theatrum Insectorum. *Lond.* 1734. *in-fol.*

899 Mémoires pour servir à l'Hist. des Insectes, par de Reaumur. *Par.* 1734 6 *vol. in-4.*

900 Histoire générale des Insectes, par Swammerdam. *Utrecht*, 1685. *in-4.*

901 Swammerdami Biblia Naturæ *Leydæ*, 1738. 2 *vol. in-fol.*

902 Ejusdem Swammerdami. 2 *vol. in-fol. C. M. v. f. tr. f.*

903 Dissertation sur la Génération & les Transformations des Insectes de Surinam, par Merian. *La Haye*, 1726. . . . Hist. des Insectes de l'Europe, par la même trad. par Marret. *Amst.* 1730. *in-fol.*

904 Sachs Gammarologia, sive vulgo Cancrorum consideratio. *Lipsiæ*, 1665. 2 *vol. in-12.*

905 F. Redi, de Generatione Insectorum. *Amst.* 1686. 2 *vol. in-12.*

906 Hist. Naturelle des Insectes, par Gœdaert. *La Haye*, 3 *vol. in-12.*

907 Recherches intéressantes sur les Vers à Tuyau, par Massuet. *Amst.* 1733. *in-12*

908 Mémoires pour servir à l'Hist. d'un genre de Polypes d'eau-douce, par Trembley. *Par.* 1744. 2 *vol. in-8. fig.*

909 Le Gouvernement admirable, ou Republique des Abeilles, par Simon. *Par.* 1742. *in-12. fig.*

910 Malpighi, Dissertatio Epistolica de Bombyce. *Lond.* 1669. *in-4.*

911 Traité des Pétrifications, par des Curieux de la Principauté de Neufchâtel. *Par.* 1742. *in-4. fig.*

912 Bonani Recreatio Mentis & Oculi, in Observatione Animalium Testaceorum. *Romæ.* 1684. *in-4.*

913 Klein, Methodi Ostracologicæ sive dispositio naturalis Cochlidum & Concharum in suas classes, Genera & Species. *Lugd. B.* 1753. *in-4.*

914 Gualtieri Index Testarum. *Florent.* 1742. *in-fol. C. M. m. r.*

Histoire Naturelle de divers pays.

915 The Natural History of Norway, by Pontoppidan. *Lond.* 1755. 2 *tom.* 1 *vol. in-fol. v. f. tr. f.*

916 Jacquin, Selectarum Stirpium Americanarum Historia. *Vindeb.* 1763. *in-fol. v. f. tr. f.*

917 Hist. Naturelle du Cacao & du Sucre. *Par.* 1719. *in-12.*

918 Alpini, Historiæ Ægypti Naturalis. *Lugd. B.* 1735. 2 *vol. in-4. gr. p.*

919 Les Observations de plusieurs singularités & choses mémorables trouvées en Grece, Asie, &c. par Belon. *Par.* 1588. *in-4.*

920 Frederici, Historia naturale di Ferrante Imperato Napolitano. *Venet.* 1672. *in-fol.*

921 Pisonii, Historia Naturalis Brasilliæ. *Lugd. Bat.* 1648. *in-fol.*

922 The Natural History of Iceland, by Horrebow. *Lond.* 1758. *in-fol. v. ec. tr. f.*

923 Basteri Opuscula Subsictiva Observationes Miscellanneas de Animaculis & Plantis. *Harlemi*, 1762. *in-4.*

924 Histoire Generale des Antilles, par du Tertre. *Par.* 1671. 4 *vol. in-4.*

925 Histoire Naturelle & Morale des Isles Antilles de l'Amérique, par de Rochefort. *Rott.* 1681. *in-4.*

926 Hist. Naturelle de la France Equinoxiale, par Barere. *in-12.*

Mêlanges d'Histoire Naturelle, Secrets, Prodiges, Collections ou Cabinets de curiosités, &c.

927 Mêlanges d'Histoire Naturelle, par Dulac. *Lyon*, 1765. 6 *vol. in-12.*

928 Miscellanea curiosa Medico-Physica Academiæ naturæ curiosorum. *Lips.* 1670. *in-4.*

928 * Curious Remarques and Observations in Physics, Anatomy, Botany and Medicine, by Templeman. 1753. 2 *vol. in-8.*

929 Miscellaneous Tracts relating to Natural History Husbandry and Physick, by Stillingfleet. *Lond.* 1765. *in-8.*

929 * Les Secrets & Merveilles de Nature de Wecker. *Lyon*, 1652. *in-8.*

930 Julii Obsequentis de Prodigiis liber cum annot. Schefferi. *Amst.* 1679. *in-8.*

930 Secreti diversi & Miracolosi raccolti G. Falloppia. *Venet.* 1563. *in-8. v. ec.*

931 Olao Worm Museum Wormianum seu Historia rerum rariorum. *Amst. Elzev.* 1657. *in-fol.*

932 Tessin Museum Tessinianum. *Holmiæ*, 1753. *in-fol.*

933 Physiologia Kircheriana experimentalis. *Amst.* 1670. *in-fol.*

934 Catalogue raisonné des curiosités du Cabinet de Quentin de Loranger, par Gersaint. *Par.* 1744. *in-12.*

935 Catalogues raisonnés des curiosités de Bonnier de la Mosson & du Chev. de la Roque, par le même. *Par.* 1745. *in-12.*

936 Catalogue raisonné des Bijoux, Porcelaines, &c. de Angran de Fonsperçuis, par le même. *Par.* 1747. *in-12.*

Médecine.

937 La Jurisprudence de la Médecine en France, par Verdier. *Par.* 1763. 2 *vol. in-8.*

938 Dictionarium Medicum. *R. Stephan.* 1563. *in-8. v. f.*

939 Hippocratis & Galeni Opera Gr. & Lat. cum not. Charterii. *Paris.* 1679 13 *tom.* 10 *vol. in-fol. fig.*

940 Hippocratis Aphorismi Gr. ex edit. Janssonii. *Glasguæ.* 1748. *in-12.*

941 Œuvres de la Framboisiere. *Par.* 1624. *in-fol.*

942 Willis Opera omnia. *Amst.* 1692. 2 *vol. in-4.*

943 Glandorpii Opera omnia. *Lond.* 1729. *in-4.*

944 T. Sydenham Opera Medica. *Genev.* 2 *vol. in-4.*

945 Hofmanni Institutionum Medicarum. *Lugd.* 1645. *in-4.*

946 Pitcarnii Opuscula Medica *Rott.* 1714. 1714. *in-4.*

947 Baglivi Opera omnia. *Lugd.* 1745. *in-4.*

948 Mangeti, Bibliotheca Medico-Practica. *Genevæ,* 1695. 4 *vol. in-fol.*

949 Leopoldina Historia morborum qui annis 1699. 1700. 1701. grassati sunt. *Vratisl.* 1706. *in-4.*

950 Œuvres de du Laurens, par Gelée. *Rouen,* 1661. *in-fol.*

951 Degneri, Hist. Medica de Dysenteriâ. *Traject.* 1738. *in-8.*

952 Nihell Novæ raræque Observationes circa variar. Crisium prædictionem expulsu. *Amst.* 1746. *in-8.*

953 Huxham, Observationum de Aëre & Morbis Epidemicis. *Lond.* 1752. *in-8.*

954 Matiére Médicale raisonnée, ou Précis des Médicamens considérés dans leurs effets, par Bourgelat. *Lyon,* 1765. *in-8.*

955 Lancisii de Motu cordis. *Lugd. Bat.* 1740. *in-4.*

956 Broechuysii Rationes Philosophico-Medicæ Theoretico-Practicæ. *Hag. C.* 1687. *in-4.*

957 Van-Swieten in Aphorismos Boerhavii de cognoscendis & curandis morbis. *Lugd. B.* 1742. 2 *vol. in-4.*

958 Hofmanni, Institutionum Medicarum Libri VI. *Lugd.* 1645. *in-4.*

959 Helvetius, Principia Physico-Medica. *Paris.* 1752. 2 *vol. in-4.*

960 La Médecine naturelle, par Hecquet. *Par.* 1738. 2 *vol. in-12.*

961 N. Recueil des Remedes, par Naudié. *Par.* 1745. 2 *vol. in-12.*

962 Méthode pour guérir les maladies, trad. du latin de Lazerme. *Par.* 1753. 2 *vol. in*-12.

963 Opérations Manuelles & Médicinales, par Gourmelen. *in*-8.

964 Meibomii de Flagrorum usu in re veneria. *Lond.* 1665. *in*-24.

965 Valsalva de Aure Humana tractatus. *Traj. in*-4.

965* Tableau de la petite Vérole, par Cantwell. *Par.* 1758. *in*-12.

966 Description de la Vessie urinaire de l'homme, par Parsons. *Par.* 1742. *in*-12.

967 L'Orthopédie, ou l'Art de prévenir & de corriger dans les enfans les difformités du corps, par Andry. *Par.* 1741. 2 *vol. in*-12.

968 De la génération des vers dans le corps de l'homme, par le même. *Par.* 1700. *in*-12.

969 Essai sur la conformité de la Médecine, par Barker. *Amst.* 1749. *in*-12.

970 Traité de l'usage des différentes sortes de Saignées, par Silva. *Par.* 1727. 2 *vol. in*-8.

Traités Dietétiq-Hygiastiques des Alimens & de la santé.

971 Nonnii Diæteticon sive de re Cibaria Libri IV. *Antv.* 1646. *in*-4. *v. f.*

972 Tirelli de Historia Vini & Febrium Libri II. *Venet.* 1639. *in*-4.

973 Tractatus de Vinea Vindemia & Vino. *Venet.* 1629. *in-folio.*

974 Baccius de Naturali Vinorum Historia de Vinis Italiæ & de conviviis Antiquorum Libri VII. *Romæ*, 1596. *in-folio.*

975 Andreæ Cannoneri de admirandis Vini virtutibus Libri III. *Antv.* 1627. *in*-8. *v. f.*

976 Baptistæ Confalonerii de Vini natura. *Basil.* 1535.... Jovii de Romanis Piscibus. *Antv.* 1528. *in*-8.

977 Herilaci Aquarum natura & facultates. Vinorum & Aquarum effectuum invicem comparatorum Tractatus. *Colon.* 1591. *in*-8. *v. f.*

978 Essai sur les vertus de l'eau de chaux pour la guérison de la Pierre, par Whytt. *Par.* 1756. *in*-12.

979 Recherches sur les vertus de l'eau de goudron, par Berkeley. *Amst.* 1745. *in*-12.

980 N. Traité de la Cuisine. *Par.* 1739. 3 *vol. in*-12.

981 Le Cuisinier moderne, par la Chapelle. *La Haye*, 1742. 5 *vol. in-8.*

Anatomie.

982 Vesalii de Humani corporis fabrica Libri VII. *Basileæ*, 1555. *in-folio.*

983 Ejusdem de Humani corporis fabrica cum annot. Fontani. *Amst.* 1642. *in-folio.*

984 Verheyen Anatomia Corporis humani. *Brux.* 1710. 2 *vol. in-4.*

985 Cowper, Anatomia CXIV. Tabulis Æneis expressa. *Lugd. Bat.* 1789. *in-folio. C. M.*

986 Bauhini Vivæ Imagines partium Corporis humani æneis formis expressæ. 1611. *in-4.*

987 Veslingi Syntagma Anatomicum, Comment. atque Append. G. Blasii. *Amst.* 1666. *in-4.*

988 Morgagni, Adversaria Anatomica Opera omnia. *Lugd. B.* 1723. *in-4.*

989 Ejusdem Morgagni, de Sedibus & causis morborum per Anatomen indagatis. *Lovanii*, 1766. 2 *vol. in-4.*

990 L'Anatomie de l'homme, par Dionis. *Par.* 1719. *in-8.*

991 Anatomie de Winslow. *Par.* 1732. 5 *vol. in-12.*

992 Anatomie par Palfin. *Par.* 1734. 2 *vol. in-8.*

993 Michelotti, de Separatione fluidorum in corpore Animali. *Venet.* 1721. *in-4. fig.*

994 Vieussens, Neurographia Universalis. *Lugd.* 1716. *in-folio.*

995 Vislingii, Syntagma Anatomicum, cum Observat. Blasii. *Amst.* 1666. *in-4.*

996 Description Anatomique d'un Cameleon, d'un Castor, d'un Dromadaire, d'un Ours & d'une Gazelle. *Par.* 1669. *in-4.*

997 La Génération de l'homme, par Venette. *Lond.* 1752. 2 *vol. in-12.*

998 La même. *Lond.* 1752. 2 *vol. in-12. gr. p. v. ec. tr. f.*

999 Traité des Eunuques, par d'Olincan (Ancillon.) 1707. *in-12.*

1000 Le Méchanisme ou le Nouv. Traité de l'Anatomie du globe de l'œil, par Taylor. *Par.* 1738. *in-8.*

1001 Mangetti, Bibliotheca Anatomica. *Geneva*, 1685. 2 *vol. in-fol.*

1002 Borelli, de Motu Animalium. *Hag. Com.* 1743. 2 *tom.* 1 *vol. in-4. fig.*

1003 Traité de la Structure du cœur, par M. Senac. *Par.* 1749. 2 *vol. in-4.*

Chirurgie.

1004 Mangetti Bibliotheca Chirurgica. *Genev.* 1721. 4 *vol. in-fol.*

1005 Traité des Opérations de Chirurgie, par le Dran. *Par.* 1742. *in-8.*

1006 Le Chirurgien d'Hôpital, par Belloste. *Paris*, 1734. 2 *vol. in-12.*

1007 Mauriceau, des Maladies des femmes grosses & accouchées. *Par.* 1740. 2 *vol. in-4.*

1008 Cases in Miwifry, by Giffard revis, by Hody. *Lond.* 1734. *in-8. br.*

1009 Le Guide des Accoucheurs, par Mesnard. *Par.* 1753. *in-8.*

Pharmacie, Chymie & Alchymie.

1010 Gaubii, Libellus de methodo concinnandi formulas Medicamentorum. *Lugd. B.* 1739. *in-12.*

1011 Tentzelii, Medicina Diastica. *Jehnæ.* 1629. *in-12. m. c.*

1012 De Medicamentorum dosibus index. *Bonon.* 1745. *in-4. m. r.*

1013 Hoffmanni, Clavis Pharmaceutica Schrœderiana. *Hala*, 1681. *in-4.*

1014 Pharmacopœa Schrodero Hoffmaniana illustrata & aucta. *Colon.* 1684. *in-fol.*

1015 Pharmacopæa Londinensis. *Lond.* 1746. *in-4.*

1016 Pharmacopée de Lemery. *Par.* 1754. *in-4.*

1017 Dispensatorium Regium & Electorale Brandenburgicum. *Berol.* 1713. *in-fol.*

1018 Pharmacopœa Bruxellensis. *Brux.* 1671 *in-folio.*

1019 Pharmacopœa Wirtenbergica. *Stutg.* 1741. *in-fol.*

1020 Œuvres de Contant. *Poitiers*, 1628. *in-fol.*

1021 Histoire Générale des Drogues, par Pomet. *Paris*, 1694. *in-folio.*

1022 Diction. Univers. des Drogues, par Lemery. *Par.* 1759. *in-4. fig.*

1023 N. Expériences sur le Remede de Mad. Stephens, par Hales. *in-12.*

1024 Les Remédes de M. Fouquet. *Lyon*, 1682. 2 *vol. in-12.*

1025 Traité raisonné de la Distillation, par Déjean. *Par.* 1753. *in-12.*

1026 Pott, Exercitationes Chymicæ. *Berol.* 1738. *in-4.*

1027 Cours de Chymie, par le Fevre, revue par du Moustier. *Par.* 1751. 5 *vol. in-12.*

1028 Les Secrets & les Fraudes de la Chymie & de la Pharmacie modernes dévoilés. *La Haye*, 1759. *in-8. br.*

1029 Chymie Médicinale de M. Malouin. *Par.* 1750. 2 *vol. in-12.*

1030 La Description des Nouv. Fourneaux Philosophiques, par Glauber. *Par.* 1674. *in-8.*

1031 Elémens de Chymie, par De Machy. *Par.* 1757. 6 *vol. in-12.*

1032 Boyle Scepticus vel Dubia & Paradoxa Chymico-Physica. Rott. 1668. *in-12.*

1033 IV. Livres des Secrets de Médecine, & la Philosophie Chymiq., par Liebaut. *Par.* 1579. *in-8.*

1034 Examen des Principes des Alchymistes sur la Pierre Philosophale. *Par.* 1711. *in-12.*

1035 Opuscule très-excellent de la vraie Philosophie naturelle des métaux, par Zecaire. *Anvers*, 1568. *in-12.*

Mathématique, Arithmétique & Géométrie.

1036 Diction. de Mathématique en Allemand. *Lipsiq.* 1734. *in-8.*

1037 Newtoni, Opuscula Mathematica Philosophica. *Lausanæ*, 1744. 3 *vol. in-4.*

1038 Recueil de plusieurs Traités de Mathématique de l'Académie Royale des Sciences. *Par.* 1676. *in-folio. gr. p. m. r.*

1039 Mémoires de Mathématique & de Physique, par de la Hire. *Par.* 1694. *in-4.*

1040 Traité Méthodique de toutes les Mathématiques, par de Neuveglise. *Trevoux*, 1700. 2 *vol. in-8.*

1041 Entretiens Mathématiq. sur les nombres d'Algebre, par le P. Regnault. *Par.* 1743. 3 *vol. in-12.*

1042 Elémens Mathématiques, par Deidier. *Par.* 1745. 2 *vol. in-4.*

1043 Les Amusemens Mathématiques, par Panckoucke. *Par.* 1749. *in-12.*

1044 Essai sur différens sujets de Mathématiq. par Simpson, en Angl. *Lond.* 1740. *in-4.*

1045 Traités Elémentaires de Mathématiques. *Par.* 1758. *in-8.*

1046 Elémens de Mathématiq. par le P. Duclos. *Lyon*, 1737. *in-8.*

1047

1047 Traité de la construction & usages des instrumens de Mathématiq. par Bion. *La Haye*, 1723. *in-4*.

1048 Œuvres de Mariotte. *La Haye*, 1740. 2 *tom*. 1. *vol*. *in-4*.

1049 Traité du Mouvement des Eaux, par le même. *Par*. 1718. *in-12*.

1050 La Science du Calcul, par le P. Reynau. *Par*. 1715 *in-4*.

1051 Tarif du Toisé superficiel & solide, par Mesange. *Par*. 1743. *in-8*.

1052 Tarif Général des Bois de charpente, par le même. *Par*. 1753. 2 *vol*. *in-8*.

1053 Traité des Bois, par Caron, *Par*. 1740. 2 *vol*. *in-8*.

1054 Les Changes Etrangers par Barême. *Par*. 2 *vol*, *in-8*.

1055 Mesures des trois prem. dégrés du Méridien, par de la Condamine. *Paris*, 1751. *in-4*. *v*. *f*. *tr*. *f*.

1056 L'Arithmétiq. raisonnée, par Morel. *Par*. 1742. *in-8*.

1057 Abrégé de l'Arithmétique & de la Géométrie, par le Blond. *Par*. 1758. *in-12*.

1058 Analyse des Infiniment Petits, par Stone. *Par*. 1735. *in-4*.

1059 La Géométrie, par Crousaz. *Amst*. 1718. 2 *vol*. *in-12*.

1060 Application de la Géométrie, par Robillard. *Par*. 1753. *in-4*.

1061 Elémens de Géométrie, par Boissiere. *Par*. 1705. *in-4*.

1062 N. Méthode abrégée facile pour réduire les routes de Navigation par les Tables de Loxodromie, par le Mare. *Par*. 1716. *in-8*.

1063 Elémens de Géométrie, par Rivard. *Par*. 1732. *in-4*.

1064 Traité de l'Algebre, par Crouzas. *Par*. 1726. *in-8*.

1065 Application de l'Algebre à la Géométrie, par Guisnée. *Par*. 1733. *in-4*

1066 Euclidis Elementorum libri prioris sex. *Oxon*. 1747. *in-8*. *br*.

1067 Euclidis Restitutio overo gli Antichi Elementi Geometrici, di Giordano. *Roma*, 1680. *in-fol*.

Astronomie, Astrologie.

1068 Astronomie Physique de Newton, par Gamaches. *Par*. 1740. *in-4*.

1069 Entretiens sur la pluralité des mondes, par Fontenelle. *La Haye*, 1745. *in-12*.

1070 Mémoir. Posthumes de Cheseaux sur divers sujets d'Astronomie. *Lausan*. 1754. *in-4*.

G

1071 Obſervations Aſtronomiques & Phiſiq. faites en l'Iſle de Cayenne, par Richer. *Par.* 1679. *in-fol.*

1072 Les Propriétés remarquables de la route de la lumiere, par J. H. Lambert. *La Haye*, 1759. *in-8.*

1073 Penſées diverſes ſur la Comete, par Bayle. *Rott.* 1721. 4 *vol. in-12. m. r.*

1074 La Figure de la Terre, par de Maupertuis. *Par.* 1738. *in-8.*

1075 Œuvres de Maupertuis. *Dreſde*, 1752. *in-4.*

1076 Les vraies Centuries & Prophêties de Noſtradamus. *Amſt.* 1668. *in-12.*

1077 Aſtrologiæ nova Methodus Fr. Allæi Arabis Chriſtiani. 1658. *in-folio.*

1078 Les Secrets Aſtrologiques, par Sorel. *Par.* 1600. *in-8.*

1079 Heſperi & Phoſphori nova Phænomena, aut. Blanchino. *Romæ*, 1728. *in-folio.*

1080 Staniſlai de Lubienietz Theatrum Cometicum; duabus partibus conſtans. *Amſt.* 1668. 2 *vol. in-folio.*

Arts du Deſſein de la Peinture, Sculpture & Architecture.

1981 Encyclopædiæ Scientia Univerſalis concionatorum, ex edit, Bignoni. *Colon.* 1676. 4 *tom* 2 *vol. in-4.*

1082 The Handmaid to the Arts. *Lond.* 1758. 2 *vol. in-8.*

1083 Dictionn. des Arts & des Sciences, par Corneille. *Par.* 1731. 2 *vol. in-fol. gr. p.*

1084 Dictionn. Univerſel des Arts & des Sciences, Fr. Lat. & Angl. par Dyche. *Amſt.* 1758. 2 *vol. in-4.*

1085 N. General Engliſh Dictionary, by Dyche. *Dubl.* 1754. *in-8.*

1086 Le Cabinet des Beaux Arts, par Perrault. *Par.* 1690. *in-4 cbl.*

1087 Secrets des Arts & Métiers. 2 *vol. in-12.*

1087 * Recueil de quelques Piéces concernant les Arts, par M. Cochin. *Par.* 1757. *in-12.*

1088 Les Principes du Deſſein, par de Laireſſe. *Amſt.* 1746. *in-fol.*

1089 Habillemens de pluſieurs nations repréſentés au naturel en CXXXVII. belles figures. *Leyde*, *in-4. cbl.*

1090 Hiſtoire de la Peinture ancienne de Pline, par Durand. 1725. *in-fol. gr. p.*

1091 L'Art de la Peinture de Dufreſnoy. *Par.* 1684. *in-12. fig.*

1092 L'Art de Peindre, Poëme, par Watelet. *Par.* 1760, *in-4. gr. p.*

1093 Dissertation sur les Ouvrages des plus fameux Peintres, par de Piles. *Par.* 1681. *in-12.*

1094 Lettre sur la Peinture, la Sculpture & l'Architecture. *Amst.* 1749. *in-12.*

1095 Catalogue raisonné des Tableaux, des Sculptures, &c. du Cabinet du Duc de Tallard, par Remy. *Par.* 1756, *in-12.*

1096 Catalogue raisonné des Tableaux du Roi, par l'Epicié. *Par.* 1752. 2 *vol. in-4. gr. p. m. r.*

1097 L'Art de laver ou la nouvelle maniére de Peindre, par Gautier. *Brux.* 1708. *in-12.*

1098 Ecole de la Mignature. *Par.* 1766. *in-12.*

1099 L'Art du Feu ou de Peindre en émail, par Ferrand. *Par.* 1721. *in-12.*

1100 Cabinet d'Architecture, Peinture, Sculpture & Gravure, par le Comte. *Par.* 1700. 3 *vol. in-12.*

1101 Dictionn. d'Architecture, par d'Aviler. *Par.* 1755. *in-4.*

1102 Essai sur l'Architecture. *Par.* 1753. *in-12.*

1103 L'Architectura di Palladio. *Venet.* 1642. *in-fol.*

1104 Les X. Livres d'Architecture de Vitruve, par Perrault, seconde édit. *Par.* 1684. *in fol.*

1105 Cours d'Architecture, par Blondel. *Paris*, 1675. 2 *vol. in-folio.*

1106 Les mêmes. *Paris*, 1698 2 *vol. in-fol. gr. p.*

1107 Les Ouvrages d'Architecture du P. Post. *Leyde*, 1715. *in-fol. gr. p.*

1108 Architecture Italienne, par Rubbens. *Amst.* 1755. *in-fol. v. f. tr.*

1109 Architecture Pratiq. par Bullet. *Paris*, 1755. *in-8.*

1110 Architectura Civile del Padre Guarino. *Torino*, 1738. *in-folio.*

1111 L'Architecture Françoise, par Mariette. 1727. 2 *vol. in-fol. gr. p. d. s. t.*

1112 Architecture de Decker. *Nuremb. in-fol.*

1113 Maniére de Bastir, par le Muet. *Par.* 1681. *in-fol.*

1114 L'Art de Charpenterie, par Jousse. *Par.* 1751. *in-fol.*

1115 Traité des Ponts & Chaussées, par Gaultier 1716. 2 *tom.* 1 *vol. in-8.*

1116 Traité de la Coupe des Pierres, par de la Rue. *Par.* 1728. *in-fol. gr. p. v. f. d. s. t.*

Musique.

1117 Démonstration du Principe de l'Harmonie, par Rameau. *Paris*, 1750. *in-8.*

1118 Le Pouvoir de l'Amour, par Royer. *Par.* 1743. *in-fol. m. r.*

Architecture Militaire.

1119 Dictionn. Portatif de l'Ingénieur. *Par.* 1755. *in-8.*

1120 L'Architecture Militaire, par Fritach. *Leyde*, *Elzev.* 1635. *in-folio.*

1121 Architecture Militaire, ou l'Art de Fortifier. *La Haye*, 1741. 2 *vol. in-4. gr p.*

1122 Les Pratiques de Fortifier les Places, par Fabre. *Paris*, 1629. *in-fol.*

1123 La Science des Ingénieurs, par Belidor. *Par.* 1729. *in-4. gr. p.*

1124 Nouv. Fortification Françoise, par Rozard. *Nuremb.* 1731. *in-4.*

1125 Elémens de Fortification, par le Blond. *Par.* 1742. *in-12.*

1126 De l'Attaque & de la Défense des Places, par de Vauban. *La Haye*, 1737. 3 *vol. in-4.*

1127 Le Bombardier François *Amst.* 1734. *in-4.*

1128 L'Ingénieur Moderne, par le Baron. F. D. R. *La Haye*, 1744. *in-8.*

Architecture Navale.

1129 Dictionn. de Marine. *Amst.* 1736. *in-4.*

1130 Navigation or, the Art of sailing upon the sea, by Emerson. *Lond.* 1764. *in-12.*

1131 L'Architecture Navale, par Dassié. *Par.* 1695. *in-4.*

1132 Elémens de l'Architecture Navale, ou Traité Pratique de la Construction des Vaisseaux, par Duhamel du Monceau. *Paris*, 1752. *in-4.*

1133 Traité du Navire, de sa Construction, par Bouguer. *Par.* 1746. *in-4.*

1134 La Théorie de la Manœuvre des Vaisseaux, par Pitot. *Par.* 1731. *in-4.*

1135 Traité de la Fabrique, des Manœuvres pour les Vaisseaux, par Duhamel du Monceau. *Paris*, 1746. *in-4.*

1136 La Connoissance des Pavillons ou Banniéres. *La Haye*, 1737. *in-4.*

1137 L'Art des Armées Navales, par le P. Hoste. *Lyon*, 1697. *in-fol.*

1138 L'Art de Naviger ou l'Art de la Marine, par Desaguliers. *Amst.* 1714. *in-8.*

1139 L'Art de Nager, par Thevenot. *Par.* 1752. *in-12. fig.*

Art Militaire.

1140 Veteres de Re Militari scriptores cum not. Sterwechii. *Vesal.* 1670. 2 *tom.* 1 *vol. in-8.*

1141 Polyæni Strategematum Libri VIII. Gr. & Lat. cum notis Varior. & intrepret. Casauboni. *Lugd. Bat.* 1692. *in-8.*

1142 Frontini Libri IV. Statagematicon cum varior. not. curante Oudendorpio. *Lugd. Bat.* 1661. *in-8.*

1143 Arriani Ars Tactica ex recensione Blancardi. *Amst.* 1683. *in-8.*

1144 Institutions Militaires de Vegece. *Paris*, 1743. *in-12.*

1145 Cours de la Science Militaire, par Bardet de Villeneuve. *La Haye*, 1740. 7 *vol. in-8.*

1146 Sentiment d'un homme de Guerre, par Folard. *Paris*, 1739. *in-4.*

1147 La Science de la Guerre. *Par.* 1757. *in-8.*

1148 Essai sur l'Art de la Guerre, par M. Turpin. *Par.* 1754. 2 *vol. in-4. gr. p.*

1149 A Treatise of Military Discipline, by Bland. *Lond.* 1762. *in-8.*

1150 Regles Militaires du C. Meizo. *Antv.* 1615. *in-fol.*

1151 Mémoires de Feuquieres. *Lond.* 1736. *in-4.*

1152 Les mêmes. *Lond.* 1736. 4 *vol. in-12.*

1153 Le Parfait Capitaine, par le Duc de Rohan. 1757. *in-12.*

1154 Les Rêveries ou Mémoires sur l'Art de la Guerre, par le Comte de Saxe. *La Haye*, 1756. 2 *vol. in-12.*

1155 Traité Général des Subsistances Militaires, par Dupré d'Aulnay. *Par.* 1744. *in-4.*

1156 L'Ecole de Mars, par Guignard, *Paris*, 1725. 2 *vol in-4. gr. p.*

1157 Etudes Militaires, conten. l'exercice de l'Infanterie, par Bottée. *Par.* 1750. 2 *vol. in-12.*

1158 Essai sur la Science de la Guerre, par le Bar. d'Espagnac. *Par.* 1755. 7 *vol. in-8.*

1159 Essai sur la Castrametation ou sur la Mesure & le Tracé des Camps, par le Blond. *Par.* 1748. *in-8.*

1160 Essai sur la Cavalerie tant Ancienne que Moderne. *Par.* 1756. *in-4.*

1161 Projet d'un Ordre François en Tactique, avec la suite. *Par.* 1755. 2 *vol. in-4.*

1162 Esprit des Loix de la Tactique & de différentes Institutions Militaires, par Bonneville. *La Haye*, 1762. 2 *vol. in-4.*

1163 Elémens de Tactique, par le Blond. *Par.* 1758. *in4.*

1164 Théorie Nouvelle sur le Mécanisme de l'Artillerie, par Dulacq. *Par.* 1741. *in-4.*

1165 Mémoires d'Artillerie, par de S. Remy. *Par.* 1697. 2 *vol. in-4.*

1166 Les mêmes. *Par.* 1736. 3 *vol. in-4. br.*

Hydrographie, Optique, Mécanique & Pyrothecnique.

1167 Hancken, Lucidum Prospectivæ speculum. *Ausp.* 1727. *in-fol.*

1168 La Perspective Affranchie, par Bourgoing. *Par.* 1661. *in-fol.*

1169 Hydrographie contenant la Théorie & la Pratique de la Navigation, par Fournier. *Par.* 1667. *in-fol.*

1170 N. Systême du Microcosme, par Tymogue. *La Haye*, 1726. *in-8.*

1171 Descriptions & Usuges des Microscopes, par Joblot. *Par.* 1718. *in-4.*

1172 Le Diverse & Artificiose Machine del Ramelli, in ling. Ital. & Francese. *Parig.* 1588. *in-fol. fig.*

1173 Traité d'Horlogerie pour les montres & les pendules, par Derham *Par.* 1746. *in-12.*

1174 Traité d'Horlogiographie, par le P. de Sainte-Marie-Magdeleine. 1691. *in-12. fig.*

1175 Traité de l'Horlogerie, par Thiout. *Par.* 1741. 2 *v. in-4.*

1176 L'Art de Tourner, par Plumier. *Par.* 1749. *in-fol. fig.*

1177 La Mécanique du Feu, par Gauger. *Paris*, 1749. *in-12.*

1178 La Pyrotechni, ou Art du Feu, par J. Vincent. *Par.* 1572. *in-4.*

1179 Art de la Verrerie, par Neri, trad. par le Baron d'Olbach. *Par.* 1752. *in-4.*

Art Gymnastique.

1181 L'exercice de monter à cheval, par René de Menou. *Par.* 1601. *in-4.*

1182 L'exercice de monter à cheval, par Pluvinel. *Par.* 1668. *in-8.*

1183 L'exercice de monter à cheval, par le même. *Par.* 1663. *in-fol.*

1184 Méthode & Invention nouv de dresser les Chevaux, par de Newcastle. *Lond.* 1737. *in-folio. gr. p.*

1185 Ecole de Cavalerie, par la Gueriniere. *Par.* 1753. *in-fol.*

1186 Le même. *Par.* 1757. 2 *vol.* *in-8.*

1187 Elémens de Cavalerie, par le même. *Par.* 1754. 2 *vol.* *in-12.*

1188 Connoissance parfaite des Chevaux, par Saunier. *Amst.* 1734. *in-fol. gr. p.*

1189 L'Art de monter à Cheval, par le Bar. d'Eisenberg. *La Haye*, 1733. *on-4. obl.*

1190 Diverses Figures & Maneiges de Chevaux, gravées, par le M. de Sourches, *sur velin. in-8. m. r.*

1191 Le Parfait Maréchal, par de Garsault. *Par.* 1741. *in-4.*

1192 Elémens d'Hippiatrique, par Bourgelat. *Lyon*, 1750. 3 *val. in-8.*

1193 Médecine des Chevaux, à l'usage des Laboureurs. *Paris*, 1763. *in-12.*

1194 Le Parfait Cocher. *Par.* 1744. *in-12.*

1195 La Venerie Royale, par de Salnove. *Par.* 1665. *in-4.*

1696 La Venaria Reale Palazzo di Piacere di Caccia discritto dal Conte Amedio. 1672. *in-4.*

1197 Amusemens de la Chasse & de la Pêche. *Amst.* 1743. 2 *vol. in-8.*

1198 Trois Dialogues de l'Exercice de Sauter & Voltiger en l'air, par Tuccaro. *Par.* 1599. *in-4. fig.*

BELLES-LETTRES.

Grammaires, Dictionnaires des Langues Orientales.

1199 Erpenii Grammatica Arabica. *Amst.* 1636. *in-4.*

1200 Masclef, Grammatica Hebraica. *Paris.* 1743. 2 *vol. in-12.*

1201 Buxtorfi, Lexicon Hebraicum. *Lond.* 1646. *in-8.*

1202 Thomassini Glossarium Hebraicum. *Par.* 1697. *in-fol.*

1202 * Lexicon Heptaglotton Hebraicum Chaldaïcum Syriacum, &c. Authore Castello. 1669. 2 *vol. in-fol.*

1203 Linguæ Sinarum Grammatica Duplex auth. Fourmont. *Par.* 1742. *in-fol.*

1204 Grammaire Turque. *Constantin.* 1730. *in-4.*

Grammaires, Dictionnaires de la Langue Grecque & Latine.

1205 Méthode pour apprendre la Langue Grecque. *Par.* 1719. *in-12.*

1206 Varennii, Syntaxis Linguæ Græcæ. *Par.* 1582. *in-8.*

1207 Vergaræ de Græcæ Linguæ Grammatica. *Paris.* 1557. *in-12.*

1208 Comenii Janua Linguarum reserata cum græca versione Simonii *Amst. Elzev.* 1649. *in-8.*

1209 Roberson, Thesaurus Græcæ Linguæ. *Cantab.* 1676. *in-4.*

1210 Morelli, Thesaurus Græcæ Poeseos sive Lexicon Græco-Prosodiacum. *Etonæ*, 1762. *in-4.*

1211 Vulcanii, Lexicon Græco Latin. *Lugd. B.* 1600. *in-fol.*

1212 Hesychii Lexicum Grec. & Lat. cum notis doctorum virorum integris Had Junii, Stephani, &c. studio Alberti. *Lugd. Bat.* 1766. 2 *vol. in-fol. C. M. vel.*

1212 * Suidæ Lexicon Gr. Lat. ex vers. Porti edente cum not. Kusteri. *Cantab.* 1705. 3 *vol. in-fol. C. M. v. f. tr. f.*

1213 Portii, Dictionarium Latinum, Græco-Barbarum. *Lutet.* 1635. *in-4.*

1214 Junii, Nomenclator omnium rerum propria Nomina variis linguis explicata. *Antv.* 1583. *in-8.*

1215 De Verbis Anomalis Libr. II. *Paris.* 1533. *in-8.*

1216 Sanctii Minerva, seu de causis Linguæ Latinæ Comment. cum notis Perizonii. *Amst.* 1714. *in-8.*

1217 Nestoris Dionysii Navariensis Vocabula. 1501. *in-fol.*

1218 Harpocrationis Lexicon decem Oratorum Gr. & Lat. N. Blancardus. *Lugd. Bat.* 1683. *in-4.*

1219 Spelmanni Glossarium. *Lond.* 1626. *in-fol.*

1220 Novitius seu Dictionar. Lat. Gallic. aut Magniez. *Par.* 1721. 2 *vol. in-4.*

1221 Danetii, Mag. Dictionnarium Lat. & Gallic. *Lugd.* 1738. *in-4.*

1222 Lexicon Philologic. & Dict. Etymolog. stud. de Sacra Quercu. *Lond.* 1677. *in-fol.*

1223 Martini Lexicon Philologicum. *Traj. Batav.* 1711. 2 *vol. in-fol.*

1224

1224 R. Stephani Thesaurus Linguæ Lat. *Lond.* 1734. 4 *vol. in-fol.*

1225 Ejusd. R. Stephani Thesaurus Linguæ Latinæ. *Basil.* 1743. 4 *vol. in-fol.*

1226 Du Cange, Glossarium Latinit. *Paris.* 1678. 3 *vol. in-fol.* C. M.

Grammaires & Dictionnaires de la Langue Françoise

1227 Projet du Livre de la Précellence du langage François, par H. Estiene. *Par.* 1579. *in-12.*

1228 Traité des deux imperfections de la Langue Françoise *Par.* 1759, *in-12.*

1229 Doutes sur la Langue Françoise, par le P. Bouhours. *Par.* 1674. *in-12.*

1230 La Défense & Illustration de la Langue Françoise. *Par.* 1549. *in-12. v. éc. tr. f.*

1231 Le Génie de la Langue Françoise, par Daisy. *Par.* 1685. 2 *vol. in-12.*

1232 Remarques de Vaugelas sur la Langue Françoise. *Paris*, 1738. 3 *vol. in-12.*

1233 A. New. French Grammar, by Rogissard. *Haguæ*, 1738. *in-12.*

1234 Dictionnaire François & Latin, par Joubert. *Lyon.*, 1757. *in-4.*

1235 Dictionnaire Universel de Furetiere, par Basnage. *La Haye*, 1727. 4 *vol. in-fol.*

1236 Dictionnaire François, par Richelet. *Genev.* 1699. *in-4.*

1237 Le même. *Rouen*, 1719. 2 *vol. in-fol.*

1238 Le même, nouv. édit. *Lyon*, 1759. 3 *vol. in-folio.*

1239 Le même, portatif. 1756. *in-8.*

1240 Dictionnaire de l'Académie Françoise. *Par.* 1718. 2 *vol. in-fol.*

1241 Manuel Lexique, ou Dictionnaire portatif, par l'Abbé Prevost. *Par.* 1750. *in-8.*

1242 Dictionnaire Etymologique de la Langue Françoise, par Ménage, augmenté par M. Jault. *Par.* 1750. 2 *vol. in-fol.*

1242 * Dictionnaire de la Langue Bretonne, par le P. Pelletier. *Par.* 1752. *in-fol.*

1243 Dictionnaire Comique, par le Roux. *Amst.* 1750. *in-8.*

1244 Dictionnaire Néologique par des Fontaines. *Amst.* 1747. *in-12.*

Grammaires, Dictionnaires des Langues Italienne, Flamande, Angloise & Portugaise.

1245 Eleganze, insieme con la copia, della Lingua Toscana, Latine, Scielte da Aldo Manutio. *Venet. Ald.* 1558. *in-8.*

1245 * Grammaire Italienne, par Antonini. *Par.* 1760. *in-12.*

1246 Vocabolario de gli Accademici della Crusca. *Firenze*, 1729. 4 *vol. in-fol. C. M.*

1247 Compendio del Vocabolario della Crusca. *Firenza.* 1729. 5 *vol. in-4*

1248 Dictionnaire Italien & François, par Antonini. *Par.* 1743. 2 *vol. in-4.*

1249 Grammaire Flamande, par la Grue. *Amst.* 1744. *in-12.*

1250 N. Introduction à la Langue Françoise, avec les Dialog. Franç. & Flamands. *Antv.* 1740. *in-12.*

1251 Dictionnaire François & Flamand, par Richelet. *Brux.* 1739. 2 *tom.* 1 *vol. in-4.*

1252 Le gr. Dictionnaire François & Flamand, par Halma. *Amst.* 1733. 2 *vol. in-4.*

1253 Grammaire Angloise, par Mauger. *Rouen*, 1722. *in-12.*

1254 N. Grammaire Angloise, par Lavery. *Par.* 1750. *in-12.*

1255 English and Portuguese Grammar. *Lond.* 1731. *in-8.*

1256 Dictionnaire François-Anglois, par Boyer. *Lond.* 1764. 2 *vol. in-4.*

1257 Le même. *Lyon*, 1756. 2 *vol. in-4.*

1258 Le même. *Lond.* 1767. 2 *vol. in-8.*

Rhétorique, Rheteurs & Orateurs Grecs & Latins.

1259 Demetrii Phalerei de Elocutione, sive Dictione Rhetorica. *Glasg.* 1743. *in-8.*

1260 Demetrius Phalerius de Elocutione, Gr. & Lat. *Glasg.* 1743. *in-4.*

1261 D. Longini de grandi, sive sublimi genere Orationis. *Colon.* 1612. *in-8.*

1262 Demosthenis Selectæ Orationes Gr. & Lat. cum notis Manntiney. *Lond.* 1764. *in-8.*

1262 * La Rhétorique d'Aristote, trad. par Cassandre. *Amst.* 1698. *in-12.*

1263 Rhétorique Françoise, à l'usage des Jeunes Demoiselles, *Par.* 1752. *in-12.*

1264 M. T. Ciceronis Opera. *Lugd. Bat. Elzev.* 1642. 10 *vol. in*-12. *vel*

1265 Ejusdem Opera, cum Gruteri & Selectis variorum notis edent. Schrevelio. *Amst Elzev.* 1661. 2 *tom.* 1 *vol. in*-4.

1266 Ejusd. Opera. *Glasg.* 1749. 20 *vol. in*-12.

1267 Ejusd. Opera cum Commentar. cura Oliveti. *Genevæ*, 1764. 9 *vol. in*-4

1267 * Ejusd. Epistolæ famil. ad usum Delphini. *Paris.* 1685. *in*-4.

1268 Ciceronis Orationes ex recensione Grævii, cum notis variorum. *Amst.* 1675. 6 *vol.*.... Ejusd. Academicæ, cum notis Davisii. *Cant.* 1725...... Ejusd. Epistolæ ad familiares cum notis variorum & Grævii. *Amst* 1677. 2 *vol*..... Ejusd. Epistolæ ad Atticum cum notis variorum & Grævii. *Amst.* 1684. 2 *vol*...... Ejusd. Quæstiones Tusculanæ cum notis Davisii. *Cant.* 1723..... Ejusd. de Natura Deorum cum notis Davisii. *Cant.* 1718..... Ejusd. de Finibus bonorum & malorum cum not. Bentleji. *Cant.* 1718..... Ejusd de Divinatione & Fato cum notis Davisii. *Cant.* 1721..... Ejusd. de Officiis, Senectute, Amic. Paradoxa & Somnium Scipionis, cum notis variorum & Grævii. *Leydæ*, 1710..... Ejusd. Rhetorica ad Herennium cum not. variorum & Grævii edent. Burmanno. *Leydæ*, 1761..... Ejusd. de Oratore cum notis Pearci. *Cant.* 1716..... Ejusd. Epistolæ ad Q. Fratrem & Brutum cum not. variorum. *Hagæ Com.* 1725. 19 *vol. in*-8.

1269 Manutii Commentar. in Epistolas Ciceronis ad Junium Brutum. *Venet. Ald.* 1557. *in*-8.

1270 T. Ciceronis de Officiis ex recensiona Grævii. *Lugd. Bat.* 1710. 2 *vol. in*-8.

1271 Pensées de Ciceron, par l'Abbé d'Olivet. *Amst.* 1746. *in*-12.

1272 Lettres de Cicéron à Atticus. *Par.* 1691. 2 *vol. in*-12.

1273 Lettres de Cicéron à Atticus, par Mongault. *Amst.* 1741. 6 *vol. in*-12.

1274 Lettres de Cicéron à Brutus, par de Laval. *Par.* 1730 2 *vol. in*-12.

1275 Lettres Familieres de Cicéron, trad. par Prevost. *Par.* 1745. 5 *vol. in*-12.

1276 Mulierum Græcarum quæ Oratione prosa usæ sunt Gr. & Lat. cur. Wolfio. *Hamb.* 1735...... Saphus Poetriæ Lesbiæ Fragmenta & Elogia cura & stud. Wolfii. *Hamb.* 1733. *in*-4.

1277 Quintiliani de Oratoria Institutione. *Parif. R. Steph.* 1542. *in-4.*

1278 Ejusd. Quintiliani. *Parif. Colin.* 1543. *in-4. l. v r.*

1279 Ejusd. Quintiliani. *Lutet.* 1580. *in-8.*

1280 Ejusdem Quintiliani cum not. Gibson. *Oxoniæ*, 1603. *in-4*

1281 Ejusd. Quintiliani cum Gronovii & aliorum notis. *Lugd. Bat.* 1665. 2 *vol. in-8.*

1282 Ejusdem Quintiliani curante Burmanno. *Lugd. Bat*, 1720. 4 *tom.* 2 *vol. in-4. C. M.*

1283 Quintilien, de l'Institution de l'Orateur, trad. par Gedoyn. *Par.* 1718. *in-4.*

1284 C. Plinii Panegyricus cum notis variorum. *Lugd. Bat.* 1675. *in-8.*

1284 * Caii Plinii Cæcilii secundi Panegyricus cum notis integris Arntzenii. *Amst.* 1738. *in-4. vel.*

1285 Panegyrici veteres cum interp. & not. de la Beaune ad usum Delph. *Parif.* 1676. *in-4.*

1286 C. Plinii secundi Panegyricus cum observat. Schwarzii. *Gotting.* 1735. *in-12.*

1287 Œuvres de Tourreil. *Par.* 1722. 2 *vol. in-4.*

1288 Oraisons Funebres, par Flechier. *Par.* 1748. *in-12.*

1289 Oraisons Funebres de Bossuet. *Par.* 1680. *in-12.*

1290 Traité du Beau, par Crousaz. *Amst.* 1714. 2 *vol. in-12.*

Poëtique.

1291 Vanierii Dictionarium Poëticum. *Lugd.* 1720. *in-4.*

1292 Réflexions sur la Poésie Françoise, par le P. du Cerceau. *Par.* 1742. *in-12.*

1293 Réflexions Critiq. sur la Poésie & la Peinture, par Dubos. *Par.* 1756. 3 *vol. in-12.*

1294 La Poétique d'Aristote, par Dacier. *Amst.* 1733. *in-12.*

1295 Di Gravina della ragione Poetica Libri II. *Roma.* 1708. *in-4. d. s. tr.*

1296 Annotationi di Piccolomi, nel libro della Poetica d'Aristotele. *Vineg.* 1675. *in-4. d. s. tr.*

1297 Dictionnaire de Rimes, par Richelet. *Par.* 1760. *in-8.*

POETES GRECS.

Collections & Extraits des poètes Grecs.

1298 Poetæ Græci Principes Heroïci Carminis & alii nonnulli græcè ex edit. H. Stephani. *Parif. H. Stephanus.* 1566. 2 *vol. in-folio. m. r.*

1299 Selecta ex Homerio, Hesiodo, Theocrito, Callimacho, Apollonio Rhodio, Sapphone, &c. cum Vulgata versione emendata. *Etonæ.* 1766. *in.*8.

1300 Carmina novem illustrium Feminarum. *Antv.* 1668. *in-*8. *m. r.*

1301 Le Théâtre des Grecs, par le P. Brumoi. *Par.* 1763. 6 *vol. in-*12.

1301 * Le même. *Par.* 1730. 3 *vol. in-*4.

poètes Grecs.

1302 Homeri Ilias & Odyssea & in easdem scholia, sive interpretationes Didymi. *Lugd. Bat.* 1566. 2 *tom.* 1 *vol. in-*4.

1302* Homeri Ilias & Odyssea Gr. & Lat. cum not. diversorum nec non variis Lectionibus & Scholiis Barnes. *Catab.* 1711. 2 *vol. in-*4.

1303 Homeri Ilias & Odyssea Græcè, *Glasguæ.* 1756. 2 *vol. in-folio. v. f tr. f.*

1304 Homeri Ilias Græce. *Lond.* 1714. *in-*8.

1305 Homeri Ilias Græce. *Oxon.* 1743. *in-*8.

1305 * L'Iliade & l'Odyssée d'Homere, par de la Valletrie, avec les figures de Schoonebeck. *Amst.* 1682. 2 *vol. in-*12.

1306 L'Iliade & l'Odyssée d'Homere, trad. avec des Remarq. par M. Dacier. *Par.* 1711. 6 *vol. in-*12.

1307 The Iliad, Odyssey of Homer. *Lond.* 1725. 10 *vol. in-*4.

1308 The Iliad & Odyssey of Homer, by Pope. *Edinb.* 1763. 2 *vol. in-*12. *br.*

1309 The Iliad of Homer, by Pope. *Lond.* 1721. 6 *vol. in-*12.

1310 Comment. in Homerum Græce. *Venet.* 1526. *in-*4. *fig.*

1311 Homeri Epitheta omnia ex Iliade & Odyssæa. *Lugd.* 1594. *in-*12.

1312 Clavis Homerica. *Roterd.* 1673. *in-*8.

1313 Eloge Historiq. & Critiq. d'Homere, trad. par Pope. *Par.* 1749. *in-*12.

1314 Q. Calabri Prætermissorum ab Homero Libri XIV. Græce

cum versione Lat. cum notis de Pauw. *Lugd. Bat.* 1734. *in-8.*

1315 Des Causes de la Corruption du Goût, par M. Dacier. *Par.* 1714. *in-12.*

1316 Apologie d'Homere & le Bouclier d'Achille. *Par.* 1715. *in-12.*

1317 Apotheosis vel Consecratio Homeri, Comment. Cuperi. *Amst.* 1683. *in-4.*

1318 Hesiodi Ascræi quæ extant ex recensione Crævii, Schrevelii. *Lugd. B.* 1650. *in-8.*

1319 Callimachi Hymni & Epigrammata ex edit. Aubelii. *Lips.* 1741. *in-8.*

1320. Æschylis Tragœdiæ VII. Opera Canteri. *Antv.* 1580. *in-12.*

1321 Æschylis Tragœdiæ Gr. & Lat. cum variorum notis curante de Pauw. *Hag. C.* 1745. 2 *vol. in-4. C. M. m. r.*

1322 Tragœdiæ selectæ Æschylis, Sophoclis, Euripidis Gr. Lat. *H. Stephan.* 1567. 2 *vol. in-12.*

1323 Prometeo legato Tragedia d'Eschilo Volgarizzate con annotaz. sul testo Græco del Giacomelli. *Roma*, 1754 *in-4.*

1324 Sophoclis Tragœdiæ septem Opera Canteri. *Antv. Plant.* 1693. *in-8.*

1325 Sophoclis Tragœdiæ VII. Gr. & Lat. *Cantabrig.* 1665. *in-8.*

1326 Sophoclis Tragœdiæ VII. Opera Canteri. *Lugd. Bat.* 1593. *in-8.*

1327 Sophoclis Tragœdiæ quæ exstant VII. cum versione Lat. *Glasg.* 1745. 2 *vol. in-12.*

1328 Euripidis Tragœdie. *Venet. Ald.* 1503. *in-8. m. c.*

1328 * Euripidis Tragœdiæ Phœnissæ Gr. & Lat. ex edit. Valckenaer. *Franequeræ*, 1755. *in-4.*

1329 Euripidis, Orestes Gr. & Lat. ex edit. Barnesii *Glasg.* 1753. *in-12.*

1330 Oreste di Euripide Tragedia del P. Carmeli. *Padova*, 1743. *in-8.*

1331 Aristophanis Comœdiæ XI. Gr. & Lat. *Lugd. Bat.* 1670. *in-12.*

1332 Eædem Gr. & Lat. per Kusterum. *Amst.* 1710. *in-fol.*

1333 Eæd. *Amstel.* 1710. *in-folio. C. M. vel.*

1334 Aristophanis Nubes Comœdia Græce ex edit. Kusteri. *Glasg.* 1755. *in-12. v. f. tr. f.*

1335 Aristophanis Nubes Comœdia Græce, ex edit. Kusteri, *Glasg.* 1755. *in-4. v. f. t. f.*

1336 Pindari Olympia, Pythia, Nemea, Isthmia. J. Benedictus. *Salmuri*, 1620. *in-4*.

1336 * De Pauw notæ in Pindarem. *Lond.* 1749. *in-8*.

1337 Anacreontis Carmina Gr. & Lat. ex edit. Baxter. *Lond.* 1695. *in-12*.

1338 Anacreontis Carmina Gr. & Lat. ex edit. Barnesii. *Catab.* 1705. *in-12*.

1339 Œuvres d'Anacreon & de Sapho, par Longepierre. *Amst.* 1692. *in-12*.

1340 Poésies d'Anacréon & de Sapho, trad. en Franç. avec des Remarq. de Mad. Dacier. *Amst.* 1716. *in-12*.

1341 Odes d'Anacréon, par la même. *Paris*, 1704. *in-12*.

1342 Les Odes d'Anacréon & Sapho, par Fr. Gacon. *Rotterd.* 1712. *in-12*

1343 Imitation des Odes d'Anacréon, par de Seillans. *Paris*, 1754. *ii-12*.

1344 Menandri & Philemonis Reliquiæ Gr. & Lat. cum notis Grotii & Clerici. *Amst.* 1710. *in-8*.

1345 Lycophrontis Alexandra, Poema Gr. Lat. cum Isaaci Comment. & cum annotat. Poteri. *Oxonii.* 1697. *in-fol.*

1346 Novem Illustrium Fœminarum, Sapphus Erinæ, Myras, &c. Fragmenta & Elogia Gr. Lat. cum not. variorum curant. Wolfio. *Hamburg.* 1735. *in-4*. *C. M.*

1347 Epigrammata Græca selecta ex Anthologia. *Paris. H. Steph.* 1570. *in-12*.

1348 Vossii de Poetis Græcis & Latinis. *Amst.* 1662. *in-4*.

POETES LATINS.

Collections & Extraits des Anciens Poëtes Latins.

1349 Poetæ Latini Rei Venaticæ Scriptores cum not. variorum ex edit. Kempheri. *Lugd. Bat.* 1728. *in-4*.

1350 Poetæ Latini Minores cum not. variorum & Burmanni. *Leyde*, 1731. 2 *vol. in-4*. *C. M. mar. r.*

1351 Scriverii Fragmenta veterum Tragicorum. *Lugd. Bat.* 1620. *in-8*. *v. f.*

1352 Carmina Quinque illustrium Poetarum. *Florent.* 1549. *in-8*.

Poëtes Latins Anciens.

1353 M. A. Plauti Comœdiæ XX. *Antv.* 1566. 2 *vol. in-8.*

1354 Eæd. Plauti Comœdiæ, cum varior. notis ex recensione Gronovii. *Amst.* 1684. *in-8.*

1355 Eæd Plauti Comœdiæ cum interpret. & notis Operarii ad usum Delphini. *Paris.* 1679. 2 *vol. in-4.*

1356 Eædem Plauti Comœdiæ. *Amst.* 1612. *in-24.*

1357 Eæd. Plauti Comœdiæ. *Paris. Barbou.* 1759. 3 *vol. in-12.*

1358 Les Comédies de Plaute, Lat. & Fr. par de Marolles. *Par.* 1658. 4 *vol. in-8.*

1359 Comédies de Plaute, par le Fevre, *Lyon*, 1696. 3 *vol. in-12.*

1360 Les Comédies de Plaute, trad. par Gueudeville. *Leyde.* 1719. 10 *tom.* 5 *vol. in-12.*

1361 P. Terentii, Comœdiæ VI. ex recensione Heinsiana. *Lugd. Bat. Elzev.* 1635. *in-12. m. r.*

1362 Ejusd. Terentii, Comœdiæ sex cum not. varior. *Lugd. Bat.* 1657. *in-8.*

1363 Eædem Comœdiæ, cum interpret. & not. Camus ad usum Delphini. *Paris.* 1675. *in-4.*

1364 Eædem, nunc primum Italicis versibus redditæ cum Personarum figuris æri accuratè incisis ex Mss. codice Bibliothecæ Vaticanæ. *Urbini*, 1736. *in-fol.*

1365 Eædem ad optim. exemplarium fidem recensitæ acced. variæ lectiones. *Lond. Knapt.* 1751. *in-8.*

1366 Eædem Comœdiæ cum notis variorum ex edit. Bentlei. *Amst.* 1727.... Phædri Fabulæ cum notis ejusd. Bentlei. *Amst.* 1727. *in-4. C. M. m. r.*

1366 * Eædem Comœdiæ, cum not. variorum ex edit. Westerhovii, *Hag. Com.* 1726. 2 *vol. in-4.*

1367 Eædem curante Westerhovio. *Glasg.* 1742. *in-8.*

1368 Eædem Comœdiæ cum not. variorum ex edit. Schrevellii. *Lugd. B.* 1657. *in-8.*

1369 Eædem Comœdiæ. *Lond. Samby.* 1751. *in-8. m. r.*

1370 Il Terentio e ridotto da Fabrini. *Veneg.* 1566. *in-4.*

1371 Le grand Terence, en Rime que en Prose. *Par.* 1539. *in-fol. fig.*

1372 Les Comédies de Terence, Lat. & Fr. par Mad. Dacier, avec les Figures de B. Picard. *Rott.* 1717. 3 *vol. in-12.*

1373 T. Lucretii Cari de rerum natura cum notis Creech. Lond. 1717. in-8.

1374 Idem Lucretius. Paris. 1744. in-12. d. s. t.

1375 Œuvres de Lucrece trad. en François, avec les Remarques du Baron de Coutures. Amst. 1682. 2 vol. in-12.

1376 Anti-Lucretius, sive de Deo & Naturâ Libri IX. de Polignac. Paris. 1747. 2 vol. in-8. v. f. d. s. t.

1377 L'Anti-Lucrece, Poëme, par de Polignac, trad. par de Bougainville. Paris. 1749. 2 vol. in-8. m. r. à. dent.

1378 Di Tito Lucretio Caro tradotti da Marchetti. Londra, 1718. in-8 C. M.

1379 Di Tito Lucrezio caro trad. da Marchetti. Londra, 1760. in-12.

1380 P. Virgilii Maronis Opera. Lugd. 1541. in-8.

1381 Eadem Virgilii Opera Manutii annotat. Venet. 1558. in-8.

1382 Ead. Virgilii Opera. Lugd. Bat. Elzev. 1636. in-12. m. r.

1383 Eadem Virgilii Opera cum variorum notis, Observation. Emmenessii. Lugd. B. 1680. 3 vol. in-8.

1384 Ead. Virgilii Opera cum interpret. & not. Ruæi ad usum Delphini. Paris. 1682. in-4.

1385 Eadem Virgilii ex edit. Maasvicii. Amst. 1730. in-12.

1386 Virgilii Fragmenta & Picturæ à Bartholo incisæ. Romæ, 1741. in-fol.

1387 Ejusd. Virgilii codex antiquissimus à Rufio Turcio Aproniano distinctus & emendatus stud. Fogginii. Florent. 1741. in-4.

1388 Eadem Virgilii Opera. Paris. Coustel. 1745. 3 vol. in-12.

1389 Eadem Virgilii cum integris varior. Commentariis Burmanni. Amst 1746. 4 vol. in-4. C. M. v. f.

1390 Virgilii, Horatii, Opera & Terentii Comœdiæ. Londini, Sandby. 174 . & seq. 4 vol. in-8. C. M. m. r.

1391 Les Œuvres di Virgile, par de la Landelle. Par. 1736. 4 vol. in-12.

1392 L'Opere de Virgilio Comment. dal Fabrini. Venet. 1623. in-folio.

1393 L'Eneide di Virgilio del Commendatore Anbal Caro. Parigi. 1760. 2 vol. in-8. v. ec. d. tr.

1394 Catulli, Tibulli & Propertii Opera cum intrepret. & not. Silvii ad usum Delphini. Paris. 1685. in-4.

1395 Catulli Tibulli & Propertii. Lutet. Coustel. 1723. in-4.

1396 Eadem. Paris. Barbou. 1744. in-12.

1397 Eadem. *Gottingæ.* 1732. *in*-12.

1398 Eadem Catulli, & in cum Vossii Observationes. *Lugd. B* 1684. *in*-4.

1399 Eadem Catulli. *Lond* 1684. *in*-4.

1400 Ead. Tibulli Opera cum Comment. Broukhusii. *Amst.* 1708. *in*-4.

1401 Eadem Propertii Opera cum Comment. Broukhusii. *Amst.* 1702. *in*-4.

1402 Les Amours de Catulle, par de la Chapelle. *Par.* 1725. 2 *vol. in.* 12.

1403 Les Amours de Tibulle, par le même. *Par.* 1719. 3 *vol. in*-12.

1404 La Vie & les Amours de Tibulle, par Gillet. *Par.* 1743. 2 *vol. in* 12.

1405 Q. Horatii Opera. *Parif. R. Steph.* 1544. *in*-8. *m. r.*

1406 Eadem ex edit. Heinsii. *Lugd. Bat. Elzev.* 1629. 2 *vol. in*-12. *vel.*

1407 Ead. Parisiis ex Typographia Regia. *Parif.* 1642. *in-folio.*

1408 Eadem cum Comment. J. Bond. *Amst. Elzev.* 1676. *in*-12. *m. r.*

1409 Eadem Horatii Opera cum interpret. & not. Desprez ad usum Delphini. *Parif.* 1691. 2 *vol. in*-4.

1410 Eadem Horatii Opera. *Amst.* 1718. *in*-12.

1411 Eadem cum not. varior. ex edit. Bentlei. *Amst.* 1727. *in*-4. *C. M m. r.*

1412 Eadem. *Parif. è Typogr. R.* 1733. *in*-24. *m. b.*

1413 Ead. Æneis Tabulis incisa curis Pine. *Lond.* 1733. 2 *vol. in*-8. *gr. p. m. r.*

1414 Ead. *Parif. Coustel.* 1746. *in*-12. *m. r.*

1415 Ead. *Glasguæ*, 1750. *in*-12.

1416 Q. Horatii Flacci Emblemata stud. Væni. *Antv.* 1612. *in*-4 *fig.*

1417 Les Poésies d'Horace trad. par le P. Sanadon. *Par.* 1728. 2 *vol. in*-4. *gr. p.*

1418 Les mêmes Poésies d'Horace. *Par.* 1756. 8 *vol. in*-12.

1419 Les mêmes. *Par.* 1756. 8 *vol. in*-8.

1420 Les mêmes. *Par.* 1756. 3 *vol. in*-12.

1421 Les mêmes. *Par.* 1756. 2 *vol. in*-12.

1422 Horace Lat. & Franç. avec les Remarq. de M. Dacier. *Par.* 1709. 10 *vol. in*-12. *gr. p.*

1423 Le même Horace. *Amst.* 1727. 10 *vol. in*-12.

1424 Les mêmes avec des Remarq. de Dacier, Benlei, Cuningam, & du P. Sanadon. *Hamb.* 1733. 2 *vol. in-4. v. f. tr. f.*

1425 L'Opere d'Oratio Poëta Lyrico Comment. da Fabrini. *Venet.* 1669. *in-4.*

1426 Publii Ovidii Nasonis Opera. *Par.* 1478. *in-fol.*

1427 Eadem. *Amstel.* 1619. 3 *vol in-24.*

1428 Eadem. *Lugd. Bat. Elzev.* 1629. 3 *vol. in-12. m. r.*

1429 Eadem cum not. variorum ex edit. Heinsii curante Schrevelio. *Lugd. B.* 1662. 3 *vol. in-8.*

1430 Ead. Ovidii Opera. *Amstel. Elzev.* 1685. 3 *vol. in-24.*

1431 Eadem. *Amstel.* 1684. 3 *vol. in-24.*

1432 Eadem cum interpret. & not. Crispini Helvetii ad usum Delphini. *Lugd.* 1689. 4 *vol. in-4.*

1433 Eadem Ovidii Opera. *Paris. Barbou.* 1762. 3 *vol. in-12.*

1434 Les Œuvres d'Ovide, par de Martignac. *Lyon*, 1697. 6 *vol. in-12.*

1435 Ovidii Nasonis Metamorphoseon Libri XV. cum not. Farnabii. *Amst.* 1650. *in-12.*

1436 Métamorphoses d'Ovide, par Duryer *Amst.* 1702. *in-folio. fig.*

1437 Les mêmes en Lat. & en Fr. par le même, avec les Figures de B. Picart. *Amst.* 1232. *in-folio. gr. p. m. c.*

1438 Les mêmes, par Bannier. *Par.* 1757. 3 *vol. in-12.*

1439 Le Metamorfosi di Ovidio ridotte da Andrea dell'Anguillara. *Venet*, 1613. *in-4.*

1440 Les XV. Livres de la Métamorphose d'Ovide, par Bracher. *Par.* 1539. *in-8. fig.*

1441 Les XXI. Epitres d'Ovide, trad. par Fontaine. *Par.* 1580. *in-12. v. f.*

1442 Comment. sur les Epitres d'Ovide, par Bachet Mesiriac. *La Haye*, 1716. 2 *vol. in-8.*

1443 Les Epitres d'Ovide, par Bachet. *Bourg.* 1626. 2 *vol. in-8. m. c. lv. r.*

1444 Les Epitres & les Elegies Amoureuses d'Ovide. *La Haye*, 1685. *in-12.*

1445 Phædri Fabulæ cum not. variorum & Observat. Laurentii. *Amst.* 1667. *in-8. fig.*

1446 Phædri Fabularum Libri V. cum Comment. Burmanni. *Leyde*, 1727. *in-4.*

1447 Eædem cum not. Hooghstratani. *Amst.* 1701. *in-4. fig.*

1448 Eædem. *Amst.* 1701. *in-4 C. M. m. r. fig.*

1449 Eædem. *Glasguæ.* 1743. *in*-12.

1450 Eædem. *Paris. Barbou*, 1753. *in*-12. *m. r.*

1450 * Ann. Senecæ & aliorum Tragœdiæ. *Amst.* 1636. *in*-4.

1451 Senecæ Tragœdiæ cum not. integris Gronovii. *Delphis*, 1728. *in*-4.

1452 Corn. Ætna & quæ supersunt Fragmenta cum not. & interpretat. Scaligeri. *Amst* 1703. *in*-12.

1752 * Ann. Lucani Pharsalia cum notis Grotii & Fornabii. *Amst.* 1643. *in*-12.

1453 Ann. Lucani Pharsalia cum Comment. P. Burmanni. *Lugdæ*, 1740. *in*-4.

1454 Ejusdem Lucani Pharsalia. *Leydæ*, 1740. *in*-4. *C. M. br.*

1454 * La Pharsale de Lucain, par Brebeuf. *Leyde*, *Elzev.* 1758. *in*-12.

1455 Lucan Pharsale, by Rowe. *Lond.* 1720. 2 *vol.* *in*-12.

1456 Poëme de Petrone sur la Guerre civile entre César & Pompée, avec deux Epitres d'Ovide, par Bouhier. *Lond.* 1737. *in*-4.

1457 C. Silii Italici cum notis variorum ex edit. Drakenborchii. *Traj. ad Rh.* 1717. *in*-4. *C. M.*

1458 Persii, Junii Juvenalis Satyrarum Libri V. *Lutet.* 1585. *in*-12. *m. r.*

1459 J. Juvenalis & Persii Satyræ ad usum Delphini cum interpret. & not. Pyrrhi. *Par.* 1684. *in*-4.

1460 Traduct. des Satyres de Perse & de Juvenal, par Tarteron. *Par.* 1706. *in*-12.

1461 Colderini Commentarii in Juvenalem. *Romæ*, 1474. *in-fol.*

1462 Merulæ Alexandri Præfatio in Satyrarum Juvenalis enarrationes. 1478. *in-fol.*

1463 Papini Statii Opera. *Venet. Aldus* 1519 *in*-8.

1464 P. P. Statii Opera.

1465 Valerii Flacci Argonauticon cum not. Burmanni. *Leydæ*, 1727. *in*-4.

1466 M. Valerii Martialis Epigrammata Libri XV. cum interpret. & not. Collessonis ad usum Delphini. *Paris.* 1680. *in*-4.

1467 Eadem Martialis Epigrammata cum notis Collesonis ad usum Delphini. *Venet.* 1739. *in*-4.

1468 Eadem Martialis Epigrammata cum notis variorum selectissimis ad usum Delphini interpretatus est Collesso. *Amst.* 1701. *in*-8. *v. f.*

1469 Eadem Martialis Epigr. *Amstel. Elzev.* 1664. *in*-24.

1470 V. Martialis ex Museo Scriverii. *Amst. Elzev.* 1664. *in*-24.

1471 Ausonii Opera ex recensione Tolili cum not. variorum. *Amst.* 1671. *in*-8.

1472 Claudiani quæ exstant. *Antv.* 1607. *in*-24

1473 Ead. Claudiani cum not. Heinsii *Amst.Elzev.* 1650. *in*-24.

1474 Eadem Claudiani. *Amst. Elzev.* 1677. *in*-24.

1475 Eadem Claudiani quæ exstant ex recensione Heinsii. *Lugd. Bat. Elzev.* 1650. *in*-12 *m. r.*

1476 Eadem Claudiani cum not. integris Delrii, Claveri & Dempsteri. *Amst.* 1760. *in*-4. *v. f. tr. t.*

1477 Cyclopædiæ Anti-Claudiani seu de officio Viri boni. *Antv.* 1651. *in*-12.

1478 Prudentii Clementis quæ extant ex recens. Heinsii. *Amst. Elzev.* 1667. *in*-12. *m. r.*

1479 Pervigilium Veneris cum notis & additionib. variorum. *Hag. Com.* 1712. *in*-8.

Poëtes Latins Modernes.

1480 Pontani Opera. *Venet. Aldus.* 1505. *in*-12.

1481 M. Palingenii Zodiacus Vitæ. *Rott.* 1722. *in*-8.

1482 Poetæ Rusticantis (Deslandes) Litteratum otium. *Lond.* 1752. *in*-12. *m. r.*

1483 Santolii Opera Poetica. *Paris.* 1694. *in*-12. *m. r.*

1484 Hymnes de Santeuil. *Par.* 1760. *in*-12.

1485 Epigrammata Oweni. *Lugd. Bat. Elzev.* 1628. *in*-24.

1486 Septem illustrium Virorum Poemata. *Antv.* 1662. *in*-8.

1487 Buchanani Poemata quæ extant. *Amst. Westein.* 1687. *in*-16.

1488 Baudi Poemata. *Lugd. B.* 1616. *in*-8.

1489 Winsemii Amores. *Franck.* 1631. *in*-12. *m. r.*

1490 Cent Fables choisies des anciens Auteurs mises en vers latins, par Faerne, trad. par Perrault, avec Figures. *Lond.* 1743. *in*-4.

1491 Les mêmes. *Lond.* 1743. *in*-4. *gr. p. fig.*

1492 Vincentii Obsopoei & Matt. Delio de Arte Jocandi & bibendi. *Lugd. B.* 1754. *in*-12.

1493 Recentiores Poetæ Latini & Græci selecti V. curis Oliveti. *Lugd. Bat.* 1743. *in*-8.

1494 Sautel Lusus Poetici Allegorici. *Paris.* 1725. *in*-12.

1495 Burmanni Pœmata curante Burmanni juniore. *Amst.* 1746. *in*-4.

1496 Villa Burchesia vulgo Pinciana poeticè descripta ab And. Brigentio *Romæ*, 1716. *in*-8.

1497 Opus Merlini Cocaii (Theop. Folengii) Macaronicorum. *Venet.* 15 1. *in-12. m. r.*

1498 Idem. *Venet.* 1564. *in-12. m. r. fig.*

1499 Idem *Venet.* 1572. *in-12. fig.*

1501 Histoire Maccaronique de Merlin Coccaie (Theop. Folengi). *Par.* 1734. 2 *vol. in-12.*

1502 Antonius de Arena Provincialis de Bragardissima Villa de Soleriis. 1670. *in-12.*

1503 A. de Arena Provencialis de Bragardissima Villa de Soleriis ad suos Campagnones. *Lond.* 1758. *in-12.*

Poëtes François

1504 Recueil de l'origine de la Langue & Poésie Françoise, Rime & Romans, par Fauchet. *Par.* 1581. *in-4*

1505 N. Recueil des Epigrammatistes Franç. par de la Martiniere. *Amst.* 1720. 2 *vol. in-12.*

1506 Le Parnasse de Théophile. 1677. *in-12.*

1507 Recueil de Poésies de Sygognes, Regnier, Motin, Berthelot, Maynard & autres plus signalés Poëtes. *Par.* 1633. *in-8.*

1508 Le même Recueil. *Holl.* 2 *vol. in-12.*

1509 Poésies Choisies. *Par.* 1660. 5 *vol. in-12.*

1510 Le Roman de la Rose, par du Molinet. *Par. Verard, in-folio. Gott.*

1511 Le Roman de la Rose, par de Lorris, avec des notes & un Glossaire, par Dufresnoy. *Par* 1735. 4 *vol. in-12.*

1512 Le Roman des Trois Pélérinages. *in-4. Gott.*

1513 Le Jardin de Plaisance & Fleur de Rhétorique. *Par. in-4. Gott.*

1514 La Legende de maître P. Faifeu.... La Farce de maître P. Pathelin, avec son Testament.... Œuvres de Jean Marot.... Poésies de Martial de Paris...Les Poésies de Guill. Coquillart... Œuvres de Villon.... Les Poésies de Guill. Cretin. *Par. Coustel.* 1724. 8 *vol. in-8.*

1515 Les Arrêts d'Amour avec l'Amant rendu Cordelier, par Martial d'Auvergne. *Amst.* 1731. 2 *tom.* 1 *vol. in-12.*

1516 Les Œuvres de Cl. Marot. *Par.* 1544. *in-8. fig. m. r.*

1517 Les mêmes. *Par.* 1582. *in-8. m. r. d. de mar.*

1518 Les mêmes. *La Haye*, 1700. 2 *vol. in-12.*

1519 Les mêmes, donné par Lenglet du Fresnoy. *La Haye*, 1731. 4 *vol. in-4.*

1520 Marguerites de la Marguerite. *Par.* 1554. 2 *vol. in-24.*

1521 Œuvres Poëtiques de Mellin de S. Gelais. *Par.* 1719. *in*-12.

1522 Œuvres Poëtiques de J. Grisel. *Rouen*, 1599. *in*-12.

1523 Poesies de Malleville. *Par.* 1649. *in*-4. *v. f tr. t.*

1524 Poésies Héroïques de Pinchesne. *Par.* 1670. *in*-4. *v. f. tr. f.*

1525 La Muse Historique en vers, par Loret. *Paris*, 1656. *in*-4. *v. f. tr. f.*

1526 Œuvres Poëtique de Beys. *Par.* 1651. *in*-4. *v. f. tr. f.*

1527 Les Satyres de Regnier. *Leyde, Elzév.* 1652. *in*-12.

1528 Les mêmes Satyres. *Lond.* 1729. *in*-4. *v f. tr. f.*

1529 Les mêmes, avec des Remarques. *Lond.* 1729. *in*-4. *m. r.*

1530 Les mêmes, avec des cadres rouges. *Amst.* 1732. *in-folio. m. r.*

1531 Œuvres de Théophile. *Par* 1662. *in*-12.

1532 Œuvres d'Honorat de Bueil, Seigneur de Racan. *Paris, Coust.* 1724. 2 *tom.* 1 *vol. in*-12.

1533 Le Trompeur Puni, par de Scudery. *Par.* 1633. *in*-8. *d. f. t.*

1534 Œuvres Poëtiq. d'Amadis Jamin. *Par.* 1579. *in*-12.

1535 Œuvres de J. A. de Baif. *Par.* 1573. *in*-8. *m. r.*

1536 Poëme de S. Prosper *Par.* 1650. *in*-12.

1537 Marie-Magdelaine, ou le Triomphe de la Grace, Poëme, par Desmarets. *Par.* 1669. *in*-12.

1538 La Madelaine au Désert de la S. Baume en Provence, Poëme par le P. de S. Louis. *Lyon*, 1694. *in*-12.

1539 La Sylvie de Mairet. *Troyes*, 1654. *in*-12.

1540 Poésies de Gombaud. *Paris*, 1646. *in*-4. *v. f. tr. f.*

1541 Œuvres de Mad. Deshoulieres. *Paris*, 1753. 2 *vol. in*-12.

1542 Œuvres de la Fontaine. *Par.* 1726. 3 *vol. in*-12.

1543 Les mêmes, *Par.* 1758. 4 *vol. in*-12.

1544 Fables Choisies de la Fontaine. *La Haye*, 1700. 2 *vol. in*-12. *fig.*

1545 Fables Choisies, du même. *Par.* 1759. 2 *vol. in*-12. *fig. v. f. tr. f.*

1546 Les mêmes. *Par.* 1756. *in*-12.

1547 Les mêmes, nouv. édit. ornée d'estampes, & gravées d'après les Desseins d'Oudry, par Cochin & autres. *Paris*, 1755. 4 *vol. in-folio. gr. p. v. f. d. f. tr.*

1548 Nouvelles en vers, par le même. *Amst.* 1685. *in*-8. *fig.*

1549 Les mêmes. *Par.* 1743. 2 *vol. in*-12.

1550 Œuvres de Boileau Despreaux. *Par.* 1713. 2 *tom.* 1 *vol. in-4. gr. p. d. f. t.*

1551 Les mêmes, avec les Figures de Picard. *La Haye*, 1722. 4 *vol. in-12. v. f. d. f. tr.*

1552 Les mêmes. *La Haye*, 1729. 2 *vol. in-fol. f. v. tr. f.*

1553 Madrigaux par de la Sabliere. *Paris*, 1680. *in-12.*

1554 Mysis & Glaucé, Poëme. *Genev.* 1748. *in-12.*

1555 Œuvres d'Est. Pavillon. *Amst.* 1720. *in-12.*

1556 Epigrammes, Madrigaux & Chansons, par le Brun. *Par.* 1714. *in-8.*

1557 Poésies du P. Sanlecque. *Genev.*... Poésies de Ferrand.... Mérope, Tragédie, par Clement.... Le Méchant, Comédie, par Gresset. *Paris*, 1747. *in-12.*

1558 Œuvres de Chaulieu. *Amst.* 1733. 2 *vol. in-8. v. f.*

1559 Poésies de Bern. de la Monnoie, avec son Eloge publ. par de Sallengre 1716. *in-8.*

1560 Œuvres de Rousseau. *Amst.* 1734. 4 *vol. in-12.*

1561 Les mêmes. *Lond.* 1758. 4 *vol. in-12.*

1562 Poésies de Coulange. *Par.* 1754. *in-12.*

1563 Valantins, Questions d'Amour *Par.* 1669. *in-12.*

1564 Fables de la Motte. *Par.* 1719. *in.4. gr. p. fig.*

1565 La Religion, Poëme, par Racine. *Par.* 1742. *in-12.*

1566 La Henriade de M. de Voltaire. *Lond.* 1728. *in-4. gr. p.*

1567 L'Eleve de Terpsicore, ou le Nourrisson de la Satyre, par de Boissy. *Amst.* 1718. *in-12.*

1568 Poésies diverses de Desforges-Maillard. *Par.* 1750. *in-12.*

1569 Le Pain-bénit de l'Abbé de Marigny. 1673. *in-12.*

1570 Choix de Poésies de Gresset. *in-12.*

1571 Le Paradis Terrestre, Poëme, par Mad. du Boccage. *Lond.* 1748. *in-8.*

1572 Recueil de Chansons choisies, notées. *La Haye*, 1726. 8 *vol. in-12.*

1573 Noël Borguignon, avec les notes de la Monnoie. *Dijon* 1720. *in-8.*

1574 Lov Trimfe. de la Lengovo Gascovo per J. G. d'Astros. *Toul.* 1643. *in-12.*

Poëtes Dramatiques François.

1575 Dictionn. des Théâtres de Paris, par MM. Parfait. *Par.* 1756. 6 *vol. in-12.*

1576

1576 La Pratique du Théâtre, par d'Aubignac. *Amst.* 1715. 2 *vol. in-8.*

1577 De la Réformation du Théâtre, par Riccoboni. *Par.* 1743. *in-12.*

1578 Le Mystére des Actes des Apôtres par personnages, par Arn. Greban. 1541. *in-folio. Gott. m. r.*

1579 Les Tragédies de R. Garnier. *Lyon*, 1596. *in-12.*

1580 Tragédies Françoises de Billard. *Par.* 1610. *in-8. v. f.*

1581 Le Théâtre d'Alex. Hardy. *Par.* 1624. 7 *vol. in-8.*

1582 Oeuvres de P. & T. Corneille. *Par.* 1738. 11 *vol. in-12.*

1583 Les mêmes. *Amst.* 1740. 10 *vol. in-12.*

1584 Les mêmes. *Par.* 1759. 19 *vol. in-12.*

1585 Les mêmes, avec des Comment. de M. Voltaire. *Genev.* 1765. 12 *vol. in-8.*

1586 Oeuvres de Moliere. *Par.* 1749. 8 *vol. in-12.*

1587 Les mêmes. *Par.* 1734. 6 *vol. in-4 v. f. tr. f.*

1588 Les mêmes. *Par.* 1734. 6 *vol. in-4. m. r.*

1589 Théâtre de Quinault. *Paris*, 1715. 5 *vol. in-12.*

1590 Oeuvres de Racine. *Par.* 1736. 2 *vol. in-12. fig.*

1591 Les mêmes. *Amst.* 1750. 3 *vol. in-12. m. r.*

1592 Les mêmes. *Par.* 1766. 3 *vol. in-12.*

1593 Les mêmes. *Par.* 1760. 3 *vol. in-12.*

1594 Les mêmes. *Par.* 1760. 3 *vol. in-4. v. ec. tr. f.*

1595 Les mêmes. *Par.* 1760. 3 *vol. in-4. m. r.*

1596 Œuvres de Poisson. 1743. 2 *vol. in-12.*

1596 * Le Théâtre de Haute-Roche. *Par.* 1736. 3 *vol. in-12.*

1597 Théâtre de le Grand. *Par.* 1731. 4 *vol. in-12.*

1598 Oeuvres de Dancourt. *Par.* 1742. 8 *vol. in-12.*

1599 Oeuvres de Palaprat. *Par.* 1712. 2 *vol. in-12.*

1600 Oeuvres de Campistron. *Par.* 1739. 2 *vol. in-12.*

1601 Théâtre de Mad. Barbier. *Par.* 1745. *in-12.*

1602 Oeuvres de Théâtre de Destouches. *Par.* 1736. 5 *vol. in-12.*

1603 Oeuvres de Théâtre de Marivaux. *Paris*, 1758. 5 *vol. in 12.*

1604 Oeuvres de Crébillon. *Par.* 1754. 3 *vol. in-12.*

1605 Les mêmes. *Par.* 1750. 2 *vol. in-4.*

1606 Théâtre de Danchet. *Par.* 1751. 4 *vol. in-8.*

1607 Mémoires pour servir à l'Histoire des Spectacles de la Foire, par Parfait. *Par.* 1743. 2 *vol. in-12.*

Poëtes Italiens & Espagnols.

1608 Delle rime Scelte da diversi Autori. *Venet.* 1564. *in-12.*

1609 Scelta di Sonetti e Canzoni de Piu excellenti Rimatori. *Venezia*, 1739. 5 *vol. in-12.*

1610 Poesie Italiane di Rimatrici Viventi. *Venez.* 1617. *in-8.*

1611 Diporti Poetici di Cesare Orsino. *Venet.* 1630. *in-8. tr. f.*

1612 Poesie Italiane di Rimatrici Viventi. *Venet.* 1716. 2 *vol. in-8.*

1613 Rime di Ant. Rolli. *Lond.* 1717. *in-8. C. M.*

1614 Il Telemaco tratto da Scarselli. *Roma*, 1747. 2 *vol. in-4. m. r. d. d. t.*

1615 Delle Satyre e Rime di Lud. Ariosto Libri due *Lond.* 1716. *in-8. C. M.*

1616 Rime del Commendatore Annibal Caro. *Venet. Manut.* 1569. *on-4.*

1617 Opere Poetiche del Guarini. *Venet. in-24.*

1618 Bertoldo con Bertoldino con fig. *Bologna.* 1736. *in-4.*

1619 Morgante Maggiore di Luigi Pulci con fig. *Venet.* 1550. *in-4. fig.*

1620 Italia liberata del Antonini. *Parigi.* 1729. 3 *vol. in 8.*

1621 Dello Paradiso Perduto Poema trad. da Rolli. *Lond.* 1729. *in-fol. C. M.*

1622 Comedia del Dante con l'Espositione di Landino & di Vellutello. *Venet.* 1578. *in-folio.*

1623 La medesimo Comedia del Dante. *Lione*, 1575. *in-8.*

1624 Il Petrarcha con l'Espositione di Vellutello. *Veneg.* 1541. *in-8.*

1625 Il medesimo con l'Espositione di Vellutello *Veneg*, 1538. *in-4.*

1626 Il Medesimo. *Venet.* 1560. *in-12.*

1627 Il medesimo. *Venet. in-12.*

1628 Orlando Furioso di Lod. Ariosto con Figure di Porro. 1583. *in-fol.*

1629 Il medesimo. *Venet.* 1606. *in-8.*

1629 * Il Medesimo. *Parigi.* 1746. 4 *vol. in-12.*

1630 La Gierusalemme Liberata del Torquato Tasso figurato di Bern. Castello. *Genev.* 1617. *in-fol.*

1631 La medesima. *Bason. in-24.*

1632 La medesima. *Roma.* 2 *vol. in-24.*

1633 La medesima. *Parigi nella stamperia Reale* 1644. *in-fol.*

1634 La medesima con fig. Glasg. 1764. 2 vol. in-12.

1635 Aminta di Torq. Tasso. Leyde. Elzev. 1656. in-12. m. r.

1636 Aminta di Torquato Tasso. Glasg. 1753. in-12. m. r.

1637 Il Pastor Fido del Guarini. Amst. 1642. in-24. m. r.

1638 Il Medesimo. Venet. 1625. in-4.

1639 Il Medesimo. Venet. in-24. m. r.

1640 Il Medesimo. Amst. Elzev. 1640. in-24. m. r.

1641 Il Medesimo Amst. Elzev. 1678.

1642 Il medesimo. Amst. in-24.

1643 Il Medesimo. Amst. 1663. in-12.

1644 Il Medesimo. Amst. 1736. in-4. m. cit.

1645 Quatre Comedie di Pietro Aretino. 1588. in-8. m. r.

1646 L'Adone Poema del Marino. Amst. Elzev. 1978. 4 vol. in-24.

1647 L'Adone Poema del Marino. Amst. 1651. 2 vol. in-12.

1648 La Secchia Rapita Poema Eroicomico del Tassoni. Venet. 1642. in-12.

1648 * La Secchia Rapita Poema Eroicomio del Al. Tassoni. In Parigi. 1766. 2 vol. in-8. pap. d'Holl. fig.

1649 La Philis de Scire Pastorale. Par. 1669. in-12.

1650 Le Comedie del Doct. Goldoni. Torino. 1736. 11 vol. in-8.

1651 Poesie del Signor Abate Metastasio. In Parigi. 1749. 10 vol. in-12. v. f. tr f.

1652 Tragédies-Opéra, du même, trad. en Franç. par Richelet. Par. 1751. 11 vol. in-12.

1653 Le Théâtre Italien de Gherardi. Par. 1741. 6 vol. in-12.

1654 N. Théâtre Italien, par le même. Par. 1733. 9 vol. in-12.

1654 * La Retraite des Dieux, Poésie dramatique, pour servir d'Introduction à un Ballet de Divinité marine en Italien & François. Petersb. 1757. in-4.

1655 Les Parodies du Théâtre Italien. Par. 1738. 4 vol. in-12.

1656 El Cavallero determinado escrito en Lingua Castelana por D. Sarmiento. Portugal. 1560. in-8. fig.

1657 La Lusiade du Camoens, Poëme, par Duperon de Castera. 1735. 3 vol. in-12.

Poëtes Anglois.

1658 Paradise Lost & Regained, by Milton. Lond. 1731. 2 vol. in-12.

1659 Paradise Lost à Poem, by Milton. Lond. 1751. in-12. fig.

1659 * Paradis Perdu Angl. & Franç. *Par.* 1765. 2 *vol.* *in*-12.

1660 Le Paradis Perdu de Milton, trad. par Dupré de S. Maur. *Par.* 1743. 3 *vol.* *in*-12.

1661 Fables Ancient & Modern. translated into verse, by Dryden. *Glasg.* 1752. 2 *vol.* *iu*-12.

1662 The Poetical Works of Rochester Roscomon. *Lond.* 1739. *in*-12.

1663 The Dunciad. *Lond.* 1745. *in*-4.

1664 Grobianus or the Compleat Booby an ironical Poem, by Bull, *Lond,* 1739. *in*-8. *v. f.*

1665 The Canterbury Tales of Chaucer, by Ogly. *Lond.* 1741. 3 *vol.* *in*-8.

1666 The Works of Drayton. *Lond.* 1753. 4 *vol.* *in*-8.

1667 Hudibras, by Sam. Butler. *Edinb.* 1758. *in*-12. *br.*

1668 Poems upon Several occasione, by Congreeve. *Lond.* 1753. *in*-12.

1669 The Poetical Works, by Edw. Young. *Lond.* 1741. 2 *vol.* *in*-8. *br.*

1670 Leonidas à Poem. *Lond.* 1737. *in*-4.

1671 Leonidas, trad. de l'Angl. *Genev.* 1738. *in*-12.

1672 King Arthur an Heroick Poem, by Blackmore. *Lond.* 1697. *in-fol.*

1673 The Drammatick Works of Nathanael Lee. *Lond.* 1734. 3 *vol.* *in*-12.

1674 The Works of Shakespear. *Edinb.* 1761. 8 *vol.* *in*-12.

1675 The Britists Stage, beeng à Collection of the best modenr English acting Plays. *Lond.* 1752. 6 *vol.* *in*-12.

Mythologie, Fables, &c.

1676 Mythographi Latini cum Comment. Munckeri. *Amst.* 1681. *in*-8.

1677 La Mythologie & les Fables expliquées par l'Hist. par l'Abbé Banier. *Par.* 1738. 3 *vol,* *in*-4.

1678 Le Temple des Muses, *Amst.* 1754. *in-fol. gr. p.*

1679 Dictionn. Mytho-Hermétique, par D. Pernety. *Par.* 1758. *in*-8.

1680 Les Fables Egyptiennes & Grecques, par le même. *Par.* 1758. 2 *vol.* *in*-8.

1681 Fables d'Esope. *Par.* 1763. 2 *vol.* *in*-12. *fig.*

1682 Fables of Hesop, by Roger, *Lond.* 1724. 2 *vol.* *in*-8.

1683 Fables d'Esope, avec les fig. par Barlouw. *Amst.* 1714. *in*-4.

1684 Fables Héroïques, par de la Martiniere. *Amst.* 1754. 2 *vol. in*-12. *fig.*

1685 Fables Choisies, par Chambaud. *Lond.* 1751. *in*-12.

Romans.

1687 Heliodori Historiæ Æthiopicæ Libri X. Græc. *Basil.* 1534. *In*-4.

1688 Heliodori Æthiopicorum Libri X. Græc. & Lat. 1696. *in*-8.

1689 Eadem Gr. & Lat. cum animadversionibus Bourdelotii. *Par.* 1619. *in*-8

1690 Longi Pastoralium de Daphnide & Chloé Libri IV. Gr. Lat. *Lutet.* 1754. *in*-4. *fig. m. r.*

1691 Les Amours Pastorales de Daphnis & Cloé, trad. du Grec, par Amiot. 1745. *in*-12. *v. d. s. tr.*

1692 Les mêmes, avec les figures gravées d'après les Desseins du Duc d'Orléans. 1745. *in*-8. *m. à d.*

1693 Les mêmes, par Longus, trad. par Amyot & un Anonyme. *Holl.* 1757. *in*-4. *v. f.*

1694 Les mêmes. *in*-4. *m. r. fig.*

1695 Les Chastes & Loyales Amours de Théagene & Cariclée, par Hardy. *Par.* 1628. *in*-12.

1696 Les Amours de Théagene & de Cariclée. *Par.* 1743. 2 *vol. in*-12. *v. f. d. s. tr. fig.*

1697 Les Amours d'Ismene & d'Ismenias, trad. du gr. d'Eustathius. *La Haye*, 1742. *in*-12. *v. f. d. s. tr. fig.*

1698 Les Affections de divers Amans. *Par.* 1743. *in*-12. *d. s. t.*

1699 Achillis Tatii Erotica, sive de Clitophontis & l'Eucippi amoribus Libri VIII. Gr. & Lat. cum not. Salmasii. *Lugd. B.* 1640. *in*-12. *v. f.*

1700 Les Amours de Clitophon & l'Eucippe. *La Haye*, 1735. *in*-12.

1701 Barclaii Argenis cum notis variorum. *Lugd. Bat.* 1669. 2 *vol. in*-8.

1702 Barclaii Argenis. *Lugd. Bat. Elzev.* 1630. *in*-12.

1703 J. Barclai Argenis. *Lugd. Bat.* 1650. *in*-12.

1704 Les Dionysiaques, ou les Voyages & les Amours de Bacchus, trad. par Poitet. *Par.* 1625. *in*-8.

1705 Les Voyages de Cyrus, par Ramfay. *Par.* 1753. 2 *vol.* *in*-12.

1708 Les Amours & les Avantures d'Arcan & de Belize. *Leyde.* 1714. *in*-12.

1709 Clelie, Hiftoire Romaine, par de Scudery. *Par.* 1654. 10 *vol. in*-8.

1710 Polyandre, Hiftoire comique. *Par.* 1648. 2 *vol. in*-8.

1711 Mathilde. *Par.* 1667. *in*-8.

1712. Alexis, par l'Evêq. du Belley. *Par.* 1622. 6 *vol. in*-8.

1713 La Cytherée, par Gomberville. *Par.* 1842. 6 *vol. in*-8. *tr. f.*

1714 L'Aftrée de Honoré Durfé. *Par.* 1647. 5 *vol. in*-8.

1715 Caffandre, Roman. *Par.* 10 *vol. in*-12.

1716 Caffandre, Roman. *Par.* 1752. 3 *vol. in*-12.

1717 Cléopatre, par de la Calprenede. *Par.* 1642. 12 *vol. in*-8. *m. r.*

1718 Celinte. *Par.* 1661. *in*-8.

1719 Le Clorefte, de l'Evêque du Belley. *Lyon*, 1626. 2 *vol. in*-8.

1720 Bergere Amoureufe, par Verdier. *Par. in*-8.

1721 Le Songe de Poliphile. *Par.* 1600. *in*-4. *fig.*

1722 Difcours du Songe de Poliphile, par Martin. *Par.* 1561. *in-fol.*

1723 Les Evénemens finguliers de l'Evêque du Belley. *Par.* 1660. *in*-8. *m. r.*

1724 Macarife ou la Reine des Ifles fortunées, par Hedelin. *Par.* 1664. 2 *vol. in*-8.

1725 La Cour d'Amour, ou les Bergers galans, par du Perret. *Par.* 1667. 2 *vol. in*-8.

1726 Ibrahim, ou l'illuftre Baffa, par Scudery. *Par.* 1641. 4 *vol. in*-8.

1727 Le Calloandre fidelle, par Scudery. *Par.* 1668. 2 *vol. in*-8. *m. r.*

1728 Les Avantures d'Apolonius de Tyr. *Par.* 1710. *in*-12.

1729 L'Infante déterminée par Beroalde. *Lyon*, 1596. *in*-12.

1730 Lettres Amoureufes d'Eft. du Tronchet. *Par.* 1571. *in*-12.

1731 La Dianée. *Par.* 1642. 2 *vol. in*-8.

1732 Le Prince ennemi du Tyran, Hift. Grecq. *Par.* 1646. *in*-8.

1733 Les Amours de Henri IV. *Amft.* 1754. *in*-12.

1734 Amours des Dames illuftres de France. *Col.* 2 *vol. in*-12.

1735 La France Galante. *Col.* 1696. *in*-12.

1736 La France Galante. *Colog.* 2 *vol. in*-12.

1737 Le Passe-tems Royal de Versailles. *Cologne*, 1712..... Les Amours d'Anne d'Autriche. *Col*.... Le Momus François. *Cologne*. 1727. *in*-12.

1738 Les Galanteries des Rois de France. *Colog.* 3 *vol. in*-12.

1739 Galanteries des Rois de France, par Sauval. *Holl.* 1738. 2 *vol. in*-12. *v. f. fig.*

1740 Le Siége de Calais. *La Haye*, 1740. *in*-12.

1741 Annales de la Cour & de Paris. *Amst.* 1702. 2 *vol. in*-12.

1742 Mémoires pour servir à l'Histoire de la Calotte. *Basle*, 1725. *in*-12.

1743 La Princesse de Cleves. *Par.* 1765. 2 *vol. in*-12.

1744 Lettres à la Marquise sur le sujet de la Princesse de Cleves, par Valincourt. *Par.* 1678. *in*-12.

1745 Conversations sur la Critique de la Princesse de Cleves, par de Charnes. *Par.* 1689. *in*-12.

1746 Anecdotes de la Cour de Childeric Roi de France. *Par* 1736. *in*-12.

1747 Les Illustres Françoises, par Charles. *La Haye*, 1748. 3 *vol. in*-12.

1748 Le Cheval. des Essars & la Comtesse de Berci, Histoire. *Par.* 1735. 2 *vol. in*-12.

1749 Histoire de la Comtesse de Savoie. 1726. *in*-12. *v. f.*

1750 Les deux Déesses de Montagathe. *Par.* 1625. *in*-8. *m. v.*

1751 Zayde, Histoire Espagnole, par de Segrais. *Par.* 1764. 2 *vol. in*-12.

1752 Le Prétendant ou Perkin faux Duc d'York, par la Paix de Lizancourt. *Colog.* 1716. *in*-12.

1753 Rome Galante, ou Histoire secrette sous les regnes de J. César & d'Auguste. *Par.* 1696. *in* 12.

1754 Hist. des Amours d'Abailard & d'Heloïse. *Amst.* 1700. *in*-12.

1755 Avantures Galantes & divertissantes de Roquelaure. *Amst.* 1727. *in*-12.

1756 Diane de Castro. *Par.* 1728. *in*-12.

1757 Les Avantures de Télémaque, par Fénélon, avec des Remarques critiq. *Rotterd.* 1725. *in*-12. *m. r.*

1758 Les mêmes. *Par.* 1717. 2 *vol. in*-12.

1759 Les Impératrices Romaines, par de Serviez. *Par.* 1744. 3 *vol. in*-12.

1760 La Vida de Lazarillo de Tormes. *Milan.* 1587. *in*-12. *m. r.*

1761 La Vie de Marianne, par de Marivaux. *Par.* 1755. 4 *vol.* *in*-12.

1762 La Nouvelle Marianne. *La Haye*, 1740. 3 *vol.* *in*-12.

1763 Pamela ou la Vertu recompensée. *Par.* 1742. 4 *vol.* *in*-12.

1764 Pamela ou la Vertu recompensée. *Amst.* 1765. 8 *vol.* *in*-12.

1765 Sethos, par l'Abbé Terrasson. *Par.* 1731. 1 *vol.* *in*-12.

1766 Histoire Secrette de la Reine Zarah. *Oxford.* 1711. *in*-12.

1767 L'héroine incomparable de notre siécle. *La Haye*, 1714. *in*-12.

1768 Hist. Tragiq. & Galantes. *Par.* 1715. 3 *vol.* *in*-12.

1769 Hist. Secrette des Femmes Galantes de l'Antiquité. *Par.* 1726. 6 *vol* *in*-12.

1770 Anecdotes ou Histoire de la Maison Ottomane. *Amsterd.* 1734. 4 *tom.* 2 *vol.* *in*-12.

1771 Le Bachellier de Salamanque, par le Sage. *Par.* 1659. 3 *vol.* *in*-12.

1772 Histoire de la Comtesse des Bares, par l'Abbé de Choisi. *Brux.* 1736. *in*-12.

1773 Le Diable Boiteux, par le Sage. *Par.* 1756. 3 *vol.* *in*-12.

1774 Hist. de l'admirable Guzman d'Alfarache, par le même. *Par.* 1734. 3 *vol.* *in*-12 *fig.*

1775 Mémoires & Avantures d'un Homme de qualité, par l'Abbé Prevost. *Amst.* 1759. 6 *vol.* *in*-12.

1776 Mémoires pour servir à l'Histoire de Malte, par le même. *Amst.* 1741. 2 *tom.* 1 *vol.* *in*-12.

1778 Le Philosophe Anglois, ou Hist. de Cleveland, par le même. *Amst.* 1749. 8 *vol.* *in*-12.

1779 Le Doyen de Killerine, par le même. *Par.* 1741. 6 *vol.* *in*-12.

1780 Histoire d'une Grecque Moderne, par le même. *Amst.* 1741. 2 *tom.* 1 *vol.* *in*-12.

1781 Lettres Angl. ou Hist. de Miss Clarisse Harlove, par le même. *Lond.* 1751. 12 *vol.* *in*-12.

1782 Hiacynte ou le Marq. de Celtas Dirorgo. *Amst.* 1731. 2 *vol.* *in*-12.

1783 Les Avantures du Prince Jakaya. *Par.* 1731. 2 *vol.* *in*-12.

1784 Le Comte de Cardonne ou la Constance victorieuse. *Par.* 1734. *in*-12.

1785 Voyage de Campagne, par Mad. la Comtesse de M***. *Par.* 1734. *in*-12.

1786

1786 La Paysane parvenue, par le Chevalier de Mouhy. *Par.* 1756. 4 *vol. in-12.*

1788 Lettres du Commandeur De **, à Madem. De **, par le même *Par.* 1753. *in-12.*

1789 Lectures Amusantes, par le même. *La Haye*, 1737. 2 *vol. in-12.*

1790 Les Délices du Sentiment, par le même. *Par.* 1753. 2 *vol. in-12.*

1791 Lamekis ou les Voyages extraordinaires d'un Egyptien, par le même. *Par.* 1735. *in-12.*

1792 Mémoires de la Comtesse de Mirol, par le Marq. d'Argens. *La Haye*, 1748. *in-12.*

1793 Les Enchaînemens de l'Amour & de la Fortune, par le même. *La Haye*, 1748. *in-12.*

1794 Le Législateur Moderne ou les Mémoires du Chev. de Meilcourt, par le même *Amst* 1749. *in-12.*

1795 Amusemens Historiques, par d'Auvigny. *Par.* 1735. 2 *vol. in-12.*

1796 Histoire de D. Ranucio d'Alétes. *Venise.* 1736. 2 *vol. in-12.*

1797 Les Journées Amusantes, par Mad. de Gomez. *Par.* 1738. 8 *vol. in-12.*

1798 Amusemens des Eaux de Schwalsbach. *Liége*, 1739. *in-12.*

1799 Mémoires, Anecdotes pour servir à l'Hist. de M. Duliz. *Lond.* 1739. *in-12.*

1800 Lettres de la Marq. de M***, par M. Crébillon. 1739. *in-12.*

1801 Les Egaremens du Cœur & de l'Esprit, par le même. *La Haye*, 1758. *in-12.*

1802 Mémoires de la Comtesse Linska, par de Lavalle. *Par.* 1739. *in-12.*

1803 Le Prétendu Enfant supposé, par de Vaubreton. *La Haye*, 1740. *in-12.*

1804 Histoire de Madem. de Salens, par Mad. Lentot. *La Haye*, 1740. 2 *vol. in-12.*

1805 Mémoires ou Aventures du Comte de Kermalec. *La Haye*, 1740. 2 *vol. in-12.*

1806 Œuvres de Mad. de Ville-Dieu. *Par.* 1740. 12 *vol. in-12.*

1807 Mémoires Historiques du Comte Betlem-Niklos. *Amst.* 1741. *in-12.*

1808 Amusemens de la Campagne. *Par.* 1742... Mémoires du Comte de Comminge. *La Haye*, 1735. *in*-12.

1809 Le Guerrier Philosophe ou Mémoires du Duc De **. *La Haye*, 1744. 2 *vol. in*-12.

1810

1811 L'Académie Militaire. *Amst.* 1749. 3 *vol. in*-12.

1812 Mémoires d'un honnête homme. *Amst.* 1745. *in*-12.

1813 Anecdotes Secrettes. *Pekin.* 1746. *in*-12.

1814 Receuils de Romans Historiq. *Lond.* 1746 8 *vol. in*-12.

1815 Mémoires Historiq. Orientale, par M. de Voltaire. *Lond.* 1747. *in*-12.

1816 La Trentaine de Cithere. *Lond.* 1753. *in*-12.

1817 Mémoires de Poligny. *La Haye*, 1749. *in*-12.

1818 Les vrais Plaisirs ou les Amours de Vénus & d'Adonis. 1748.... Lettres du Marq. 1748... Les Epoux réunis.... Le Prince Ananas. *La Haye*, 1748. *in*-12.

1819 Bibliotheque Choisie & Amusante. *Amst.* 1749. 6 *vol. in*-12. *v. ec.*

1820 Hist. de la Princesse Jaiven. *La Haye*, 1750. *in*-12.

1821 Les Femmes Militaires. *Par.* 1750. *in*-12.

1822 Les Plaisirs secrets d'Angélique. *Lond.* 1751. *in*-12.

1823 Le Petit-Maitre Philosophe. *La Mecq*, 1751. *in*-12.

1824 Ma-Gakou, Histoire Japonnoise, par Chevrier. *Goa*, 1752. *in*-12.

1825 Mémoires du Chev. de Ravanne. *Amst.* 1752. 3 *vol. in*-12.

1826 Mémoires de Gaudence de Luques, prisonnier de l'Inquisition. *Amst.* 1753. 2 *vol. in*-12.

1827 Campagnes Philosophiques ou Mémoires de Montcal. *Amst* 1741. 2 *vol. in*-12.

1828 Roman Oriental. *Par.* 1753. *in*-12.

1829 Abbassai, Histoire Orientale, par Mad. Faucque. *Par.* 1753. 2 *tom.* 1 *vol. in*-12.

1830 Le Palais du Silence, Conte Philosophiq. *Amst.* 1754. 2 *vol. in*-12.

1831 L'Ami de la Fortune. *Lond.* 1754. *in*-12.

1832 Mémoires de Justine. *Lond.* 1754. *in*-12.

1833 La Double Beauté. *Cantorb.* 1754. *in*-12.

1834 Le Juge parvenu. *Lond.* 1754. 2 *vol. in*-12.

1835 Histoire du Prince Adonistus. *Amst.* 1755.... Lettres de Milady Juliette Catesby. *Amst.* 1759.... Mon Radotage &

celui des autres... Cléopatre d'Après l'Hist. 1750. *in-12.*

1836 Histoire de Mad. la Comtesse de Montglas. *Amst.* 1756. *in-12.*

1837 Mémoires du Maréchal de Gramont, par de Gramont. *Par.* 1716. 2 *vol. in-12.*

1838 Mes Loisirs, par le Chev. d'Arcq. *Par.* 1756. *in-12.*

1839 Mémoires & Avantures d'une Dame de qualité. *Francf.* 1757. 3 *vol. in-12.*

1840 L'Ecole de Lamitie. *Amst.* 1757. *in-12.*

1841 L'Isle taciturne & l'Isle enjouée. *Amst.* 1756. *in-12.*

1842 Daïra, Histoire Orientale, par de la Popliniere. *Par.* 1761. *in-12.*

1843 Julie, ou la Nouvelle Héloïse, par Rousseau. *Amst.* 1764. 6 *tom. en* 3 *vol. in-12.*

1844 Memoires du Comte de Guines, par le Blanc. *Amst.* 1761. *in-12.*

1845 Female Falshood or the Life and Adventures, of a late French Nobleman. *Lond.* 1722. 2 *vol. in-12.*

1846 The Adventures of David simple, by Lady. *London.* 1744. 2 *vol. in-12.*

1847 Le Véritable Ami, ou la vie de David simple. *Amst.* 1749. 2 *tom.* 1 *vol. in-12.*

1848 The History of Tom-Jones a Foundlingh., by Fielding. *Lond.* 1749. 4 *vol. in-12.*

1849 Memoires de Wuillamet Nortingham, ou faux Lord Kington. *La Haye.* 1741. *in-12.*

1850 Avantures de Londres *Amst.* 1751. *in-12.*

1851 Histoire d'un Gentil-homme Ecossois. *La Haye*, 1750. *in-12.*

1852 Histoire de Jonathan Wild le Grand, trad. de l'Angl. de Fielding, par M. Picquet. *Lond.* 1763. *in-12.*

1853 The Histori of Lucy Wellers, by a Lady. *Lond.* 1714. 2 *vol. in-12.*

1854 The History of Miss Charlotte Seymour. *Lond.* 1764. 2 *tom.* 1 *vol. in-12.*

1855 The Adventures of sir Launcelot Greaves, by Roderick Random. *Lond.* 1762. 2 *vol. in-12.*

1856 The Adventures of Peregrine Pickle. *Lond.* 1758. 4 *vol. in-12. br.*

1857 Family Pictures a novel, by a Lady. *Lond.* 1764. 2 *tom.* 1 *vol in-12.*

Romans de Chevalerie.

1858 Hiſtoire des Merveilleux faits du Preux & Vaillant Chev. Artus de Bretaigne. *Par.* 1584.... Hiſt. du Noble Triſtan, Prince de Leonnois, par Maugin dit l'Angevin. *Par.* 1586... Hiſt. des Hauts & Chevaleureux faits d'Armes, du très-puiſſant & très-magnanime & victorieux Prince Meliadius, dit Chev. de la Croix par le Chev. du Clergé. *Par.* 1584.... Hiſt. d'Olivier de Caſtille & d'Artus d'Algarbe, preux & vaillans Chevaliers. *Par.* 1587. *in-4. m. r.*

1859 L'Hiſtoire du Petit Jehan de Saintré. *Par.* 1724. 3 *vol. in-12.*

1860 Lancelot du Lac. 1533. 3 *tom.* 1 *vol. in-fol.*

1861 La très-élégante, délicieuſe, Melliflue & très-plaiſante Hiſt. du Roi Perceforet, Roi de la Grande-Bretagne. *Par.* 1531. 3 *in-folio. m. r.*

1862 Meliadus de Lionnoys. *Par. Galliot du Pré*, 1528. *in-fol.*

1863 Le premier livre & ancienne Chronique de Gerard d'Euphrate. *Par.* 1549. *in-fol.*

1864 Hiſt. de Noble Triſtan, Prince de Lionnois, par Maugin *Par.* 1586. *in-4*

1865 L'Hiſt. de Olivier de Caſtille & Artus d'Algarbe, preux & vaillans Chevaliers. *Rouen. in-4.*

1866 Hiſt. des Avantures heureuſes & malheureuſes de Fortunatus qu'il a euë en ſon voyage. *Rouen*, 1656. *in-8. m. v.*

1867 Les Proueſſes & faits du très-preux noble & vaillant Huon de Bordeaux. *Lyon*, 1586. *in-4. tr. f.*

1868 L'Hiſt. des Quatre fils Aymons, très-nobles & vaillans Chevaliers. *Troyes, in-4.*

1869 Les Croniques & Vertueux faits du preux & vaillant Prince Judas Machabeus, un des neuf preux, très-vaillant Juif, par de S. Gelais. *Par.* 1556. *in-8.*

1870 Le Roman des Chevaliers de la Gloire, par Roſſet. *Par.* 1613. *in-4.*

1871 Vida y hechos Don Quixote de la Mancha, compueſta por Miguel de Servantes Saavedra. *Haia*, 1744. 4 *vol. in-8.*

1872 Hiſtoire de Don Quichotte. *Paris*, 1754. 6 *vol. in-12.*

1873 Les principales Avantures de Don Quichotte, repréſentées en fig. par Coypel, Picart & autres. *La Haye*, 1746. *in-fol. m. r.*

1874 The History of Don Quixote de la Mancha, by de Mig. de Servantes Saavedra translat., by Ozell. *Lond.* 1733. 2 *vol.* *in*-12.

Poësies Prosaïques, Facéties & Collections de Nouvelles.

1875 Erasmi Encomium Moriæ cum Listrii Comment. & figuris Holbenii *Basil.* 1676. *in*-8.

1876 Apulei Metamorphoseon ex edit. Scriveri *Amstel.* 1623. *in*-24.

1877 Nugæ Venales Sive Thesaurus ridendi & jocandi. 1632. *in*-12.

1878 Apulei Opera interpr. & not. Floridi ad usum Delphini. *Par.* 1688. *in*-4.

1879 Laus Asini. *Lugd. B. Elzev.* 1629. *in*-24.

1880 L'Amorosa Flammetta di Boccaccio. *Venet.* 1565. *in*-12.

1881 Le Théâtre de divers Cerveaux du Monde, par Chapuis. *Par.* 1586. *in*-8. *v.f.*

1882 Procès & Amples Examinations sur la Vie de Carême-prenant. *Par.* 1605.... La raison pourquoi les Femmes ne porte point Barbe au menton... Traité de Mariage entre Julian Peoger dit Janicot, & Jaqueline Papinet sa future Epouse. *Lyon*, 1611. *in*-12.

1883 Le Grand Mistere, ou l'Art de Méditer sur la Garderobe, par Swift. *La Haye*, 1729. *in*-12. *v. f.*

1884 La Semaine de Guillaume de Saluste, Seign. du Bartas. *Par.* 1603. *in*-12.

1885 Les Serées de Guillaume Bouchet. *Lyon*, 1618. *in*-8.

1886 La plaisante & joyeuse Hist. du Grand Géant Gargantua. *Valence*, 1547. *in*-8. *fig.*

1887 Œuvres de Rabelais. *Lyon*, 1593. *in*-12. *m. c.*

1888 Les mêmes. *Holl.* 1681. 2 *vol.* *in*-12.

1889 Les mêmes. *Holl. Elzev.* 1663. 2 *vol.* *in*-12.

1890 Lee mêmes avec les Notes de Duchat. *Amst.* 1725. 5 *vol.* *in*-8.

1890* Les mêmes, avec les Figures de B. Picart. *Amst.* 1744. 3 *vol.* *in*-4. *m. r.*

1891 Hist. Comiq. de Francion. *Par.* 1673. 2 *vol.* *in*-12.

1892 The Comical Histori of Francion. *Lond.* 1727. 2 *vol.* *in*-12.

1893 La Genealogia de Gli Dei de Gentili di Boccaccio. *Venet.* 1569. *in*-4.

1894 Le Tombeau de la Mélancholie. *Par.* 1634. *in-12.*

1895 Le Grand Dictionn. des Prétieuses, par de Sommaise. *Par.* 1660. *in-12.*

1896 Le Grand Diction. des Prétieuses, par Somaise. *Par.* 1661. 2 *vol. in-8. v. c. tr. f.*

1897 Il Decamerone di Boccaccio *Fiorenza* 1573. *in-4.*

1898 Il Decamerone di G. Boccaccio. *Amst.* Elzev. 1665. *in-12.*

1899 Il Decamerone di Boccaccio. *Lond* 1727 2 *vol. in-12.*

1900 Contes & Nouvelles de Bocace. *Amst.* 1697. 2 *vol. in-8. fig.*

1901 Il Libro del Cortegiano del Conte Baldesar. *Venet* 1538. *in-12.*

1902 Les Contes ou les Nouv. Recréations & joyeux Devis de Bonavent. des Periers. *Amst.* 1735. 3 *vol. in-12. v. f.*

1903 Les Contes & Discours d'Eutrapel. *Rennes*, 1592. *in-12. v. f.*

1904 Contes de Marmontel. *Par.* 1766. 3 *vol. in-8. gr. p. fig. m. r.*

1905 Excellent Discours de l'Espine, Angevin. *Geneve*, 1613. *in-8.*

1906 Delle novelle del Bandello *Venet.* 1566 3 *tom.* 1 *vol. in-4.*

1907 Les Cent Nouvelles Nouvelles, avec les fig. de Romain de Hooge. *Cologne*, 1736. 2 *vol. in-12. d. s. tr.*

1908 La Fouyne de Seville. *Par.* 1661. *in-8. v. f. tr. f.*

1909 Nouv. Exemplaires de Michel de Cervantes, par l'Abbé S. Martin. *Lauf.* 1759. 2 *vol. in-12. fig.*

Contes des Fées, ou Narrations Fabuleuses.

1910 Contes Nouveaux, ou les Fées à la mode, par Daulnoy. *Par.* 1715. 2 *vol. in-12.*

1911 Nouveaux Contes des Fées Allégoriques. *Amst.* 1736. *in-12.*

1912 Contes Chinois. *Par.* 1723. 2 *vol. in-12.*

1913 Les Mille & une Faveur, par le Chev. de Mouhy. *Lond.* 1740. 8 *vol. in-12.*

1914 Hist. du Prince Titi. *Par.* 2 *vol. in-12.*

1915 Hist. Japonoise. *Pekin*, 1758. 2 *in-12. fig.*

1916 Mirza & Fatmé, Conte Indien, par M. Saurin. *La Haye*, 1754. *in-12.*

1917 Hist. Indienne. *Par.* 1751. 2 *vol. in*-12.

1918 Le Grelot. *in*-12.

1919 Acajou & Zirphile, Conte, par M. Duclos. *Menut.* 1744. *in*-12.

1920 Nerair & Melhoë, Conte. 1760. 2 *vol. in*-12.

1921 Le Prince des Aigues-Marines & le Prince Invisible Conte, par Montesquieu. *Par.* 1744. *in*-12. *fig.*

Philologues, Critiques, Satyres & Apologies.

1922 Clerici Ars Critica. *Amst.* 1712. 3 *vol. in*-8.

1923 Parallele des Anciens & des Modernes, par Perault. *Par.* 1692. 4 *vol. in*-12.

1924 Introduction Générale à l'Etude des Belles-Lettres, par de la Martiniere. *La Haye*, 1731. *in*-12.

1925 Athenæi Deipno Sophistarum libri XV. Gr. & Lat. interpr. Deluchamp & Casaribon. *Lugd.* 1612. 2 *vol in-fol.*

1926 Auli Gellii Noctes Atticæ *Amstel.* 1666. *in*-12.

1926 * Auli Gellii Noctium Atticarum libri XX. cum not. Frederici & Gronovii. *Lugd. B.* 1706. *in*-4.

1927 Macrobius de somno Scipionis *Brixia.* 1501. *in-fol.*

1928 Macrobii opera acced. notæ integræ Gronovii *Lugd. B.* 1670. *in*-8.

1929 Victorii Variarum lectionum Libri XXXVIII. *Florent.* 1583. *in-fol.*

1930 Le Chef-d'œuvre d'un Inconnu par Matanasius *la Haye.* 1745 2 *vol in*-12.

1931 Le Romant Satyrique de Jean de Lannel, *Par.* 1623. *in*-8.

1932 Voltariana, ou Eloges Amphigouriques de M. Voltaire, *Par.* 1749. *in*-8.

1933 Lettres Historiq. & Philologiq. du Comte d'Orreri, *Lond.* 1753. *in*-12

1934 L'Apocalypse de Meliton par de Bellay. *S. Leger* 1665. *in*-12.

1935 Le Philosophe Négre, & les Secrets des Grecs. *Londr* 1769. *in*-12.

1936 Amusement Philosophiq. très-serieux Comique, Historiq. Politique, Critiq. Satyriq. par Gueudeville. *la Haye.* 1743. *in*-12.

1937 Amusemens Serieux & Comiq. par Dufreny. *Amst.* 1729. *in*-12.

1938 Réflexions sur les Grands Hommes qui sont morts en plaisantant, par Deslandes. *Rochefort*, 1758 *in-12.*

1939 Les Quinze Joyes du Mariage. *la Haye*, 1734. *in-12.*

1940 Les Chats, par M. de Moncrif. *Rotterd.* 1728. *in-8.*

1941 Hist. des Rats, par Bourdon. 1737. *in-8.*

1942 T. Mori Utopia. *Amst.* 1631. *in-24.*

1943 Alexandri ab Alexandro Genialium Dierum Libri VI. cum not varior. ex edit. Tiraquelli *Lugd. Bat.* 1673. 2 *vol in-8.*

1944 La derniere Guerre des Betes, Fable pour servir à l'Hist. du XVIII. Siecle. par Mad. Fauque. *Lond.* 1758. *in-12.*

1045 Critiq. de la Charlatanerie. *Par.* 1726. *in-12.*

1946 Nouvelle Ecole Publiq. de Finances, ou l'Art de voler sans aîles. *Cologne*, 1708. 2 *vol in-12.*

1947 Libro di novelle e di Bel Parlare Gentile. *Firenze* 1724. *in-8.*

1948 Essais de Critique sur les Ecrits de Rollin, trad. d'Herodote, & sur le Dictionn. de la Martiniere par Bellanger. *Amst.* 1740. *in-12.*

1949 T. Petronii Satyricon cum not varior. ex edit. Hadrianide. *Amst.* 1669. *in-8.*

1950 Ejusd. Petronii curante Burmanno *Traj. ad R.* 1729. *in-4.* C. M.

1951 Ejusd. Petronii Arbitri Satyricon, curante Burmanno *Trajecti ad R.* 1729. *in-4.*

1951 * Petrone Lat. & Franc. par Nodot. *Par.* 1971 2 *vol. in-12 fig.*

1952 The Work of Petronius Arbiter. *Lond.* 1714. *in-8.*

1953 Euphormionis Lusini sive Barclaii Satyricon *Lugd. B. Elsev.* 1637. *in-12.*

1954 Barclaii Satiricon cum notis variorum. *Lugd. B.* 1674. *in-8.*

1955 Satyre d'Euphormion de Lusine. *Par.* 1625 2 *vol. in-8.*

1956 Eloge de la Folie d'Erasme par Gueudeville avec les fig. d'Holbein. *Amst.* 1931. *in-8.*

1957 Le même. *Par. in-12. fig.*

1958 Le même. 1751. *in 4. fig.*

1959 A Tale of a Tub. *Glasg.* 1754. *in-12. br.*

1960 Apologie pour Herodote par le Duchat. *la Haye.* 1735. 3 *vol. in-12.*

1961 Il Divortio Celeste. *Villafr.* 1666. 2 *vol in-12.*

1962 C. Agrippa sur la Noblesse &Excellence du Sexe Feminin par Gueudeville. *Leyde.* 1726. 3 *vol. in-12.*

1963 Le Jugement d'Amour. *Par. in-8. m. c.*

1964 Philosophie d'Amour de Leon Hebreu trad. par du Parc. *Lyon*, 1557. *in-8.*

1965 Lettres Douces pleines de desirs & imaginations d'Amour à Vranie. *Can.* 1590.... Paris e Viena innamoramenti delli nobelissimi amanti Paris e Viena *Venet.* 1529. *in-8. fig.*

1966 Les triomphes de la noble & amoureuse Dame & l'Art de honnêtement aimer, par J. Bouchet. *Par.* 1541. *in-8.*

1967 Le Peregrin Dialogue traitant de l'Honnête & Pudique Amour par Dassy. *Lyon*, 1533, *in-4 Got. m. r.*

1968 Dialogue très-élégant intitulé le Peregrin traitant de l'Honnête & Pudiq. Amour, par Dassy. *Par.* 1535. *in-8. Got.*

1969 Aresta Amorum. *Paris*, 1566. *in-8. v. t.*

1970 L'Amour à la mode Satyre Historiq. par Mad. de Pringi 1695. *in-12 d. f. t.*

1971 Les controverses des Sexes Masculin & Feminin, par Est. de Vignal. *in-fol. Got.*

1972 Tableau Historiq. des ruses & subtilités des Femmes. *Par.* 1623. *in-8. v. f.*

1973 Bonus Mulier sive de Mulieribus vel Uxoribus. *Lug. B.* 1754. *in-12.*

1974 Hyppolytus Redivivus, id est remedium contemnendi sexum Muliebrem. 1644. *in-12.*

1975 Le Champion des Femmes par de l'Escale. *Par.* 1618. *in-12.*

1976 Les Privileges des Gens Mariés. 1721. *in-12.*

1977 De la Grandeur & de l'Excellence des Femmes au dessus des hommes par, Agrippa. *Par.* 1713. *in-12.*

1978 Discours Amoureux faits à l'exaltation de l'honneur des Dames. *Par.* 1595. *in-8.*

1979 Hist de l'Amant résuscité de la mort d'Amour par Theodose Valentinien *Par.* 1680. *in-8. v. f. t. f.*

Sentences, Apophtegmes, bons Mots & Dialogues

1980 Plutarchi Apophtegmata Regum & Imperatorum &c. gr. lat. *Lond.* 1741. *in-4, C. M.*

1981 Les Apophtegmes des Anciens par Perrot d'Ablancourt, *Par.* 1664. *in-12.*

1982 Ducatina ou Remarques de Duchat. *Amst.* 1737. 2 *vol. in-12.*

1983 Menagiana ou les bons Mots de Menage. publié par la Monoye. *Par.* 1729. 4 *vol. in*-12.

1984 Poggiana ou les bons Mots de Pogge. *Amst.* 1620 2 *vol. in*-12.

1985 Des. Erasmi Colloquia *Amst. Elzev* 1736 *in*-12.

1985 * Erasmi Colloquia. *Amst. in*-24. *m. r.*

1986 Erasmi Colloquia cum notis varior. ex. edit. Schrevellio. *Lugd. Bat* 1655. *in*-8.

1987 Colloquia Mensalia D. Mart. Lutheri. *Franc.* 1571 2 *vol. in*-8. *v. f.*

1988 Dialogue Critiq. & Philosophiq. par l'Abbé de Chartre-Livry *Lond.* 1935. *in*-12.

1989 La Circé de J. B. Gelli Mise en Franc. par du Parc. *Rouen*, 1551. *in*-8.

Emblêmes.

1990 Iconologie ou nouv. explication de plusieurs Images Emblêmes &c. de Ces. Ripa, par Baudouin. *Par.* 1698. *in*-4,

1991 Vander Kette Appelles Symbolicus. *Amst.* 1699. 2 *vol. in*.8. *fig.*

1992 Les Emblêmes d'Amours Divin & Humain. *Par. in*.12 *fig.*

1993 Les mêmes *Par. in*-12. *fig.*

1994 Omnia Andr. Alciati Emblemata. *Par.* 1618. *in*-8.

1995 Les Emblêmes d'Alciat. *Par.* 1541. *in* 12.

Poligraphes.

1996 Luciani Opera omnia quæ extant gr. lat. ex versione J. Benedicti cum not. varior. ex edit. Grævii. *Amst.* 1699. 2 *vol. in*-8.

1997 Luciani Opera Gr. & Lat. cum not. var. ex edit. Reitzii *Amst. Traj. ad R*, 1743 & 1746. 4 *vol in*-4. *C. M. f. v. t. f.*

1998 Reitzii Index Verborum ac Phrasium Luciani sive Lexicon Lucianeum. *Traj. ad Rhen.* 1746. *in*-4. *m. r.*

1999 Reitzii Index Verborum ac Phrasium Luciani sive Lexicon cianeum *Traj. ad R.* 1746. *in*-4. *C. M.*

2000 Dialogi di Luciano. *Veneg.* 1521. *in*. 8. *m. r.*

2001 The Works of Lucian translatid by Dryden *Lond.* 1711 3 *vol. in*-8.

2002 Angeli Politiani Opera omnia. *Venet. Aldus*, 1598. *in-fol.*

2003 Harduini Opera Selecta. *Amst.* 1719. *in-fol.*

2004 J. J. Pontani Opera omnia. *Venet. Aldus.* 1518. 3 *vol. in-8.*

2005 Hadriani Relandi Dissertationum Miscellanearum partes tres. *Traject. ad Rhen.* 1706. 3 *vol. in-12.*

2006 Essais de Montaigne avec les notes de Coste, *Lond.* 1725. 3 *vol in-4.*

2007 Buchanani Opera omnia curante Ruddimanno. *Lugd. B.* 1725. 2 *vol. in-4*

2008 Plinii Cæcilii secundi Opera. *Glasg.* 1751. 3 *vol. in-12 v. éc. tr. f.*

2009 Oeuvres du P. Rapin. *La Haye.* 1725. 3 *vol. in-12.*

2010 Oeuvres de Cyrano de Bergerac. *Rotterd.* 1761. 3 *vol. in-12.*

2011 Oeuvres de Saint-Evremond. *Londres*, 3 *vol. in-4. g. pap.*

2012 Les mêmes. 1753. 12 *vol. in-12.*

2013 Oeuvres du P. Bayle. *La Haye.* 1727 & 1731. 4 *vol. in-fol.*

2014 Les mêmes. *Trevoux.* 1737. 4 *vol. in-fol.*

2015 Oeuvres de Mad. Durand. *Par.* 1737. 6 *vol. in-12.*

2016 Oeuvres de Saint Réal. *Amst.* 1740 6 *vol in-12.*

2017 Les mêmes. *Par.* 1757. 8 *vol. in-12.*

2018 Oeuvres Poëtiq. de Simon Tyssot de Patot. *Amst.* 1728. 3 *vol. in-12.*

2019 Recueil de Pieces choisies, par de la Monoye. *La Haye.* 1714. 2 *vol. in-12*

2020 Traité Historiq. & Critiq. de l'Opinion, par le Gendre. *Par.* 1741. 7 *vol. in-12.*

2021 Portefeuille de Rousseau. *Amst.* 1751. 2 *vol. in-12.*

2022 Amusement de la Toilette. *La Haye.* 1756. 2 *vol in-12.*

2023 L'Abeille ou Recueil de Philosophie de Littérature & d'Histoire. *La Haye.* 1755. *in-8.*

2024 Mémoires Politiques, Amusans & Satyriques. *Veritop.* 1735. 3 *vol. in-12.*

2025 Recueil de différentes Pieces de Littérature. *Amsterd.* 1758. *in-8.*

2026 Opere di Pallavicino *Villafr.* 1666. 2 *vol. in-8. m. r.*

2027 Delle Opere di Firenzuola. *Firenze.* 1723. 3 *vol. in-8. v. g.*

2028 Tutte le Opere di G. Trissino. *Verona.* 1729. *in-fol.*

2029 Opere di Luigi Tansillo. *Venet.* 1838. *in-4.*

2030 Prose Florentine raccolte dello Smarrito Academica della Crusca (C. Dati.) *Veneg.* 1755. 5 *vol. in-4.*

2031 Tre Discorsi di Ger. Ruscelli a L. Dolce. *Venet.* 1553. *in-4.*

2032 Opere Varie chritiche di Lod. Castel Vetro *Berna.* 1727. *in-4.*

2033 The Dunciad. variorum With The Prolegomena of Scriblerus. *Lond.* 1729. *in-4.*

2034 The Works of Adison. *Lond.* 1722. 2 *vol. in-12.*

2035 The Works of Granville Lord Lansdowne *London*, 1736. 3 *vol. in-12.*

2036 The Works of Adison. *Lond.* 1722. 2 *vol. in-12. br.*

2037 The Works of Farquhar *Lond.* 1742. 2 *vol. in-12. br.*

2038 The Works of Waller by Fenton *Glasg.* 1752. *in-12 br.*

2039 The Works of Waller. by Fenton *London.* 1729. *in-4. g. p.*

2040 works in Verse and Prose by Granville. *Lond.* 1736. 3 *vol. in-12. br.*

2041 The works of Alexander Pope. *Edim.* 1764. 6 *vol. in-8. fig.*

2042 Œuvres Diverses de Pope. *Amst.* 1758. 7 *vol. in-12.*

2043 English Micellanies, by Tompson. *Goting.* 1755 2 *vol. in-8.*

Epistolaires.

2044 Lettere di Plinio il giovane, tradotte dal. Tedeschi. *Roma.* 1717. *in-4. v. f. tr. f.*

2045 Epistolæ Obscurorum Virorum. *Francof.* 1624 *in-8.*

2046 Epistolæ Obscurorum Virorum accesserunt, huic Editioni Epistola Benedicti Passavantii, & la Complainte de P. Lyzet sur le Trépas de son feu Nez. *Lond.* 1710. *in-12.*

2047 Epistolæ Obscurorum Virorum. *Lond.* 1742. *in-12. v. f. t. f.*

2048 Fr. Philelfi Epistolæ. *in-8.*

2049 Fr. Philelfi Epistolarum Familiarium Libri XXXVII. *Venet. in-4. M. C.*

2050 Epistolæ Clarorum Virorum. *Harling*, 1669. *in-8.*

2051 Busbequii Epistolæ. *Amst.* 1660. *in-12.*

2052 Casauboni Epistolæ curante Janson, ab Almeloveen. *Rotterd.* 1709. *in-folio.*

2053 Libanii Epistolæ Gr. & Lat. ex Edit. Wolfii. *Amstel.* 1738. *in-fol.*

2054 Martini Epistolarum Libri XII. *Amst.* 1738. 2 *volumes in-4.*

2055 Traité général du Style, avec un Traité particulier du Style Epistolaire. *Amst.* 1756 *in-12.*

2056 Lettres Choisies de Balzac. *Leyde, Elzev.* 1652. *in-24.*

2057 Lettres Choisies de Simon Tyssot de Patot *La Haye.* 1727. 2 *vol. in-12.*

2058 Lettres Choisies de Guy Patin. *Par.* 1692 2 *vol. in-12.*

2059 Lettres Choisies du même *Rotterd.* 1725. 5 *vol. in-12.*

2060 Nouvelles Lettres du même, à Spon. *Amst.* 1718 2 *vol. in-12.*

2061 Lettres de Critiq. de Littérature, d'Histoire, par Cuper. *Amst.* 1755. *in-4.*

2061* Les Lettres de Fr. Rabelais *Brusselles Par.* 1710 *in-12.*

2062 Lettres Historiq. & Galantes, par Mad. du Noyer *Lond.* 1741 6 *vol. in-12. v. f.*

2063 Letres Nouvelles de Boursault. *Par.* 1738 3 *vol. in-12.*

2064 Lettres de Madame de Sévigné. *Par.* 1754. 6 *vol. in-12.*

2065 Lettres de la même *Par.* 1763. 8 *vol. in-12.*

2066 Lettres de Madame de Maintenon. *Glasg.* 1756. 7 *vol. in-12.*

2067 Letres Juives par le Marquis d'Argens. *La Haye.* 1764. 6 *vol. in-12.*

2068 Les mêmes. *La Haye.* 1764. 8 *vol. in-12.*

2069 Lettres Chinoises, par le même *La Haye*, 1759. 6 *vol. in-12.*

2070. Mémoires Secrets, par le même. *La Haye.* 1743. 6 *vol. in-12.*

2071 Lettres Morales & Critiques sur les différensEtats, par le même. *Amst.* 1748. *in-12.*

2072

2073 Lettres d'un François, par l'Abbé le Blanc. *La Haye.* 1745 3 *vol in-12.*

2074 Lettres de Ninon de l'Enclos. *Amst.* 1750. *in-12.*

2075 Lettres Choisies de Pope, par Genet. *Par.* 1753. *in-12.*

2076 Lettres Semi-Philosophiques. *Amst.* 1758. *in-12.*

2077 Original Lettres, by White Kennet. *Lond.* 1730. *in-8.*

HISTOIRE.

Introduction à l'Histoire.

2078 Les Elémens de l'Histoire, par Vallemont. *Par.* 1729. 5 *vol. in-12.*

2079 Principes de l'Histoire, pour l'Education de la Jeunesse, par Lenglet du Fresnoy. *Par.* 1737. 6 *vol. in-12.*

2080 Méthode pour Etudier l'Hist. par le même, avec le supplem. *Par.* 1729 5 *vol. in-4.*

2081 Lettres on the Study and Use of History, by Viscount Bolingbroke. *Lond.* 1752. 2 *vol. in-8.*

Géographes Anciens & Nouveaux.

2082 Phil. Cluverii Introductionis in Universam Geographiam, Libri VI. Accessit Bertii Breviarum Orbis Terrarum. *Amst.* 1677. *in-12.*

2083. Cluverii Introductio in Universam Geographiam, cum notis la Martinière. *Amst.* 1729. *in-4.*

2084 Dionisii Geographia, emendata & locuplata addit. scil. Geographiæ Hodiernæ Græco Carmine pariter donatæ, cum XVI. Tabulis Geographicis, ab Wells. *Oxon.* 1704. *in-8.*

2085 Méthode pour Etudier la Géographie, par Lenglet du Fresnoy. *Par.* 1748 8 *vol. in-12.*

2086 Sanson Geographia Sacra ex Veteri & Novo Testamento desumpta. *Amst.* 1764. *in-fol.*

2087 Cl. Ptolemæi Geographiæ, Libri VIII, ex Bilibaldi Pirckeymheri tralatione, sed ad Græca & Prisca Exemplaria à Michaële Villanovano (Michaël Serveti), jam primum recogniti. *Lugd.* 1535. *in-fol. C. M.*

2088 Orbis Antiqui Tabulæ Geographicæ, secundum Ptolemæum. *Amst.* 1730. *in-fol. C. M. v f.*

2089 Procli Diadoci Paraphrasis in Ptolemæi Libros IV. Allatio è Græco in Latinum conversa *Lugd. B. Elzev.* 1635. *in-8.*

2090 Pomponii Melæ de situ Orbis, Libri III, cum notis Gronovii. *Lugd. B.* 1722. *in-8.*

2091 Atlas de Sanson. *Amst. in-fol. gr. p.*

2092 Atlas de de Lisle. *in-fol.*

2093 Atlas Historique de Gueudeville. *Amst.* 6 *tom.* 3 *vol.*

2093* Atlas Méthodique & Elémentaire de Géographie & de l'Hist. par M. Buy de Mornas. *Par.* 3 *vol. in-fol.*

2094 Le même. *Par.* 3 *vol. in-fol. gr. p.*

2095 Etrennes Geographiques. *Par.* 1760 *in-12. m. r. à ferm. d'argent.*

2095* Vetera Romanorum Itineraria sive Antonini Augustini Itinerarium curante Wesselingio. *Amst.* 1735. *in-4. C. M.*

2096 L'Hydrographie Françoise, par Bellin. *in-fol. gt. p. m. r. d. de Tab.*

2097 Neptune François, ou Recueil des Cartes Marines, par le même. *Par.* 1753 *in-fol. m. r. d. de Tab.*

2098 Dictionnaire Géographique Universel de Baudrand, corrigé & augmenté par Maty. *Amst.* 1701. *in-4.*

2099 Diction. Historique & Géographique, par Bruzen la Martiniere. *La Haye.*, 1726. 10 *vol. in-fol.*

2100 Le même Dictionnaire. *La Haye*, 1726. 10 *vol. in-fol. gr. pap.*

2101 Le même Dictionnaire. *Dijon*, 1739. 6 *vol. in-fol*

2102 Dictionnaire des Postes, par Guyot *Paris*, 1754. *in-4.*

2103 Cosmography Containing, the Chorographi and History, by Heylin. *Lond.* 1674. *in-fol.*

2104 Theatrum Terræ Santæ & Biblicarum Historiarum cum tabulis Geographicis ære expressis aut Delpho *Colon.* 1513. *in-fol.*

Voyages.

2105 Le Curieux Antiquaire, ou recueil Géographiq. & Historiq. des choses les plus remarquables de l'Univers, par Berkenmeyer. *Leide.* 1729. 3 *vol. in-8.*

2106 Mémoir. Instructifs pour un Voyageur. *Amst.* 1758. 2 *vol. in-12.*

2107 Remarq. d'un Voyageur *La Haye.* 1728. *in-12.*

2108 Voyage au tour du Monde, par Dampier. *Amst.* 1711. 5 *vol in-12.*

2109 Voyage au tour du Monde, par Rogers. *Amst.* 1716. 2 *vol. in-12. fig.*

2110 N. Voyage au tour du Monde, Par le Gentil *Amst.* 1728. 2 *vol. in-12.*

2111 Voyages de la Motraye en Europe, Asie & Afrique. *La Haye*, 1727 3 *vol. in-fol.*

2112 Les mêmes. *La Haye.* 1727. 3 *vol. in-fol. Gr. p.*

2113 Les Voyages de Villamont. *Rouen*, 1607. *in-12.*

2114 Di Viaggi di Pietro della Valle. *Roma.* 1633. 3 *vol. in-4.*

2115 Voyages de Mandeslo & Olearius en Moscovie, Tartarie & Perse. *Amst.* 1727. 2 *vol. in-folio.*

2116. Voyages de Tavernier. *Amst.* 1679, 3 *vol. in-8.*

2117 Voyages Historiq. de l'Europe. *Amst.* 1718, 8 *vol. in-12*

2118 Voyages de Genes & Venise, par Marot. *Par. in-12. m. r.*

2119 N. Voyage d'Italie, par Misson. *La Haye.* 1702. 4 *vol. in-12*

2120 Journal du Voyage d'Italie fait par l'Abbé Pougny. *Mss. in-fol.*

2121 Voyage d'Italie, par M. Cochin. *Par.* 1758. 2 *vol. in-12.*

2122 Voyage de Dellon. *Cologne.* 1719. 3 *vol. in-12.*

2123 Some Observations Made in Travelling Through France, Italy &c. by Edward Wright. *Lond.* 1739. 2 *vol. in-4.*

2124 Voyage du P. Labat en Espagne & Italie. *Par.* 1730. 8 *vol. in-12.*

2125 Relation du Voyage d'Espagne, par Mad. Daunoy. *La Haye.* 1915. *in-12.*

2126 Lettres sur le Voyage d'Espagne *Pampl..* 1756. *in-12.*

2127 Voyage Historiq. & Politiq. de Suisse, d'Italie & d'Allemagne. *Francf.* 1746- 2 *vol. in-12.*

2128 Journal d'un Voyage au Nord, par Outhier. *Par.* 1644. *in-4.*

2129 Voyages and Discoveries Digested in a Chronological Series, by Barrow. *Lond.* 1745. 3 *vol. in-12.*

2130 Voyage de Corn. Le Brun par la Moscovie en Perse & aux Indes Orientales. *Amst.* 1713. 3 *vol. in-fol.*

2131 Relation d'un Voyage du Levant, par Pitton de Tournefort. *Amst.* 1718. 2 *vol. in-4,*

2132 Mémoir. & Aventures Secretes & Curieuses d'un Voyage du Levant, par Saumery, *Liege.* 1762. 2 *vol. in-12. v. f.*

2133 Voyage d'Alep à Jérusalem, par Maundrell. *Par* 1706. in-12.

2134 Saintes Pérégrinations de Jérusalem & autres Saints Lieux, par Nicole le Huen. *Lyon.* 1488. *in-fol. gott. m. c.*

2135 Voyage de Dalmatie, de Grece & du Levant, par wheler. *Amst.* 1689. 2 *vol. in-12.*

2136 Mémoir. du Chev. d'Arvieux, par le P Labat. *Par.* 1730. 6 *vol. in-12.*

2137 Voyages de J. Ovington en Asie & Afrique. *Par.* 1725 2 *vol in-12*

2138 Voyages faits principalement en Asie dans les 12e. 13e. 14e. & 15e siecles, par Bergeron. *La Haye,* 1657. 2 *vol. in-4. fig.*

2139 Voyage de Syrie & du Mont-Liban, par de la Roque. *Par.* 1722. 2 *vol. in-12.*

2140 Voyage de Madagascar, par Carpeau du Soussay. *Par.* 1722 *in-12.*

2141 Journal du Voyage du Chev. Chardin en Perse & aux Indes Orientales. *Lond.* 1686. *in-fol.*

2142 Journal d'un Voyage fait aux Indes Orientales par du Quesne. *La Haye*, 1721. 3 *vol. in*-12.

2143 Nouv. Voyage de Guinée, trad. de l'Angl. de Smith. *Par.* 1751. 3 *vol. in*-12.

2144 Hist. d'un Voyage fait en la terre du Bresil, autrement dite Amérique, par de Lery. *Par.* 1580. *in*-8. *v. f.*

2145 Nouv. Relation de l'Afrique Occidentale, par le P. Labat *Par.* 1728. 5 *vol. in*-12.

2146 Recueil de Voyages dans l'Amériq. Méridionale, par Coreal. *Amst.* 1738. 3 *vol. in*-12.

2147 Voyages Historiq. de l'Amérique Méridionale, par d'Ulloa, trad. de l'Espagn. *Amst.* 1752. 2 *vol. in*-4.

2148 Nouvelle relation contenant les Voyages de T. Gage. *Amst.* 1694. 2 *vol. in*-12.

2149 Voyages de Crespel dans le Canada. *Francf.* 1642. *in*-12.

2150 Voyage de la Louisiane, par Laval. *Par.* 1728. *in*-4.

2151 Relation d'un Voyage de la Mer du Sud, par Froger. *Amst.* 1715. *in*-12.

2152 Relation Abrégée d'un Voyage fait dans l'intérieur de l'Amérique Méridionale, par la Condamine. *Par.* 1645. *in*-8. *m. v.*

2153 Journal du Voyage à l'Equateur, par le même. *Par.* 1751. 2 *vol. in*-4.

2154 Hist. des Navigations aux Terres Australes. *Par.* 1756. 2 *vol. in*-4.

2155 Voyage & Aventures de Leguat. *Lond.* 1721. 2 *vol. in*-12.

2156 Collectiones Peregrinationum in Indiam Orientalem & in Indiam Occidentalem XVIII. partibus comprehensæ cum figuris Fratrum de Bry & Meriani. *Francof.* 1590. *& seq.* 7 *vol. in-fol. m. r.*

2157 Recueil des Voyages qui ont servi à l'établissement de la Compagnie des Indes Orientales. *Rouen*, 1725. 12 *vol. in*-12.

2158 Relation des Voyages par Thevenot. *Par.* 1663. 2 *vol. in-folio.*

2159 Les mêmes. *Amst.* 1727. 5 *vol. in*-12.

Voyages Imaginaires.

2160 Klimii Iter subterraneum. *Hafn.* 1745. *in*-8.

2161 Travels by Gulliver. *Edinb.* 1752. *in*-12.

2162 Voyages de Gulliver, par l'Abbé Desfontaines. *La Haye*, 1727. 2 *vol. in-12.*

2163 Avantures de le Beau. *Amst.* 1738. 2 *vol. in-12.*

2164 Voyage & Avantures de Masse. *Colog.* 1710. *in-12.*

2165 Histoire de l'Expédition de trois vaisseaux aux Terres Australes en 1721. *La Haye*, 1739. 2 *vol. in-12.*

Histoire Chronologique & Universelle.

2166 Libri Chronicarum. *Norimb.* 1473. *in-fol. fig enlumin.*

2167 Tables Historiques, Chronologiq. & Généalogiques, par le Rou. *in-fol. gr. p.*

2168 Marshami Chronicus Canon Ægyptiacus Ebraicus Græcus & disquisitiones. *Lond.* 1673. *in-fol.*

2169 L'Arbre des Batailles. *Par.* 1505. *in-8. v. f.*

2170 Maan de veris Annis D. N. J. Christ. Natali & Emortuali dissertationes duæ Chronologicæ. *Lond.* 1752. *in-8. br.*

2171 De Kalendario & Cyclo Cæsaris Dissertationes duæ. *Romæ*, 1703. *in-fol.*

2172 La Chronologie des anciens Royaumes, par Newton. *Par.* 1728. *in-4.*

2173 Tablettes Chronologiq. de l'Abbé Lenglet. *Par.* 1729. *in-fol.*

2174 Mémorial de Chronolog. & Historiq. par l'Abbé d'Estré. *Par.* 1752. 4 *vol. in-24. v. e. d. f. t.*

2175 Luitprandi Opera que extant Chronicon & adversaria. *Amv.* 1640. *in-fol.*

2176 Hist. entiere Deduit depuis le Déluge jusques au temps présent, par Sleidan. *Par.* 1561. *in-fol. m. v.*

2177 L'Antiquité des tems, par Pezron. *Par.* 1687. *in-4.*

2178 L'Antiquité des tems rétablie & défendue, par le même. *Par.* 1690. *in-12.*

2179 L'Art de Vérifier les Dates, par les Religieux Bénédictins. *Par.* 1750. *in-4. gr. p.*

2180 Discours du Temps de l'An & ses parties. *Lyon*, 1566. *in-12. m. c.*

2181 Mémoires Chronologiques & Dogmatiques pour servir à l'Hist. Ecclésiast. par le P. d'Avrigny. *Par.* 1720, 4 *vol. in-12.*

2182 Hist. du Diable. *Amst.* 1730. 2 *vol. in-12.*

2183 Introduct. à l'Hist. Universelle, par Thienpont. *Bruxell.* 1736. 2 *vol. in-4. v. f.*

2184 Justini Historiæ Philippicæ, cum not. varior. accurante Thysio. *Amst.* 1659. *in-8.*

2185 Ejusdem Justini ex recensione Grævii & not. *Lugd. Bat.* 1683. *in-8.*

2185 * Ejusdem Justini Historiarum. *Amst.* 1722. *in-24.*

2186 Abrégé de l'Histoire Universelle, par le Clerc. *Amst.* 1730. *in-12.*

2187 Discours sur l'Histoire Universelle, par Bossuet. *Amst.* 1684. 3 *vol. in-12.*

2187 * Le même. *Par.* 1765. 2 *vol. in-12.*

2188 Histoire Universelle, par Hardion. *Paris*, 1756. 12 *vol. in-12.*

2189 Histoire Universelle de M. de Voltaire. *Dresde*, 1754. 3 *tom.* 2 *vol. in-12.*

2190 Mémoires pour servir à l'Histoire Universelle de l'Europe, par le P. d'Avrigny. *Par.* 1724. 4 *vol. in-12.*

2191 Introduction à l'Hist. Générale & Politique de l'Univers, par Puffendorf, augmentée par de la Martiniere. *Amst.* 1743. 11 *vol. in-12.*

2192 Hist. Générale du douzieme siecle, par de Marigny. *Par.* 1750. 5 *vol. in-12.*

2193 Mercure de Vittorio Siri, contenant l'Histoire Générale de l'Europe depuis 1640 jusqu'en 1655, trad. par Requier. *Par.* 1756. 18 *vol. in-12.*

2194 Le même. *Par.* 1757. 3 *vol. in-4.*

2195 Histoire du Monde, par Chevreau. *Par.* 1617. 6 *vol. in-12.*

2196 Giro del Mondo del Gemelli Careri. *Napol.* 1700. 7 *vol. in-8.*

2197 Delle Historie del Mondo di Tarchagnota. *Venet.* 1680. 5 *vol. in-4.*

2198 Histoire Universelle d'une Société des gens de Lettres, trad. de l'Angl. *Amst.* 1742. 22 *vol. in-4.*

2199 Théatre Historiq. par Gueudeville. *Leyde*, 1703, 5 *tom. en* 3 *vol. in-fol. gr. p.*

2200 L'Espion dans les Cours, par Marana. *Colog.* 1756. 9 *vol. in-12.*

2201 Lettres & Mémoires du Baron de Polnits. *Lond.* 1747. 5 *vol. in-12.*

2202 Mémoires pour servir à l'Hist. du XVII. siecle, par Bregy. *Amst.* 1768. 3 *vol. in-12.*

2203 Mémoires de ce qui s'est passé de plus considérable sur la mer depuis 1688 jusqu'à 1697. *Lond.* 1739. *in-12.*

2204 Mémoires pour servir à l'Hist. du XVIII, siecle, par de Lamberty. *La Haye*, 1724. 14 *vol. in-4*.

2205 Les mêmes. 14 *vol. in-4. gr. p.*

2206 L'Europe Vivante & Mourante. *Brux.* 1759. *in-24*

2207 Mercure de France depuis Janvier 1717, jusqu'en 1765. *Par.* 1717 & suiv. 234 *vol. in-12.*

2208 Almanach Royal depuis 1700 jusqu'en 1760. 60 *vol. in-8.*

Histoire Ecclésiastique.

2209 Saliani Annales veteris Testamenti. *Paris.* 1641. 6 *vol. in-folio.*

2210 Hist. de l'Ancien & du Nouv. Testament & des Juifs, par Calmet. *Par.* 1719. 2 *vol. in-4.*

2211 The Old and New. Testament connected in the History of the Jews, by Prideaux. *Lond.* 1718. 2 *vol. in-fol.*

2212 Hist. du Peuple de Dieu, tirée des Livres de l'Ancien Testament, avec le Supplément, par le P. Berruyer. *Paris*, 1728. 8 *vol. in-4.*

2213 Hist. du Peuple de Dieu, tiré des Livres du Nouv. Testament. *Par.* 1755. 8 *vol. in-12.*

2214 La même Hist. *Par.* 1755. 4 *vol. in-4.*

2215 Eus. Pamphili Ecclesiasticæ Historiæ Libri X. Gr. & Lat. &c. ex versione Valesii. *Par.* 1678. 2 *vol. in-fol.*

2216 Eusebii, Socratis, Sozomeni, Theodoreti & Evagrii Hist. Ecclesiast. Gr. & Lat. cum notis Valesii nova edit. per Reading adornata. *Cant.* 1720. 3 *vol. in-fol.*

2217 Historia Ecclesiast. Eusebii Cæsariensis. 1633. *in-8. v. f. tr. f.*

2218 Baronii Annales Ecclesiastici. *Antv.* 1670. 12 *vol. in-fol.*

2219 Spondani Epitome Annalium Baronii. *Paris.* 1622. 2 *vol. in-fol.*

2220 Hist. de l'Eglise, par Cousin. *Par.* 1675. 4 *vol. in-4.*

2221 Mém. pour servir à l'Histoire Ecclésiastique par Tillemont. *Par.* 1701. 22 *vol. in-4.*

2222 Histoire de l'Eglise, par Godeau. *Amst.* 1680. 6 *vol. in-12.*

2223 Histoire Ecclésiastique, par Fleury. *Par.* 1713. & suiv. 36 *vol. in-12.*

2224 La même. *Par.* 1696. 36 *vol. in-4.*

2225 Abrégé de l'Histoire Ecclésiastique, par Racine. *Cologne*, 1752. 13 *vol. in-12.*

2226 Histoire de l'Eglise, par Choisy. *Par.* 1740. 11 *vol. in-4.*

2227 Histoire de l'Eglise, par Basnage. *Rotterd.* 1699. *in-fol.*

2228 Anecdotes Ecclésiastiq. tirées de Giannone. *Amst.* 1752. *in-8.*

2229 Histoire des Eglises des Vallées de Piémont ou Vaudoises, par Leger. *Leyde*, 1669. *in-fol.*

2229 * Histoire de l'Abbaye & des Miracles de N. D. de Montserrat, par Olivier. *Lyon*, 1617. *in-8. fig.*

2230 Histoire de l'Eglise Gallicane, par Longueval. *Par.* 1730. 18 *vol. in-4.*

2231 Histoire de l'Abbaye Royale de S. Denis, par Félibien. *Par.* 1706. *in-fol.*

2232 Histoire de l'Abbaye de S. Germain-des-Prez, par Bouillard. *Par.* 1706. *in-fol. fig.*

2233 Maan Sancta & Metropolitana Ecclesia Turonensis, sacrorum Pontificum suorum ornata & virtutibus *Aug. Turon.* 1667. *in-fol.*

2234 Hist. de l'Eglise Abbatiale & Collégiale de S. Etienne de Dijon. *Dijon*, 1696. *in-fol.*

2235 Annales de l'Eglise Cathédrale de Noyon, par Vasseur. *Par.* 1633. *in-4.*

2236 Hist. de l'Eglise de Meaux, avec des notes, par Toussaint Duplessis. *Par.* 1731. 2 *vol. in-4.*

2237 Hist. Ecclésiastique de la Ville de Toul, par Benoit. *Toul.* 1707. *in-4.*

2238 Journal de l'Abbé Dorsanne. *Rome*, 1753. 2 *vol. in-4.*

2239 Hist. des Evêques de Metz, par Meurisse. *Metz.* 1634. *in-fol.*

2240 Histoire Ecclésiastique d'Allemagne. *Brux.* 1724. 2 *vol. in-12. fig.*

2241 Thuringia Sacra sive Historia Monasteriorum quæ olim in Thuringia floruerunt. *Francof.* 1737. *in-fol.*

2242 Batavi Sacra sive res Gestæ Apostolicorum virorum. *Brux.* 1714. *in-fol.*

2243 Sanderi Brabantia Sacra. *Haga Comitum.* 1726. 3 *vol. in-folio.*

2244 Raderi Bavaria Sancta & Pia cum figuris Raphaël Sadeler. 1615. *in-fol.*

2245 Van-Gestel Historia Sacra & Profana Archiepiscopatus Mechliniensis. *Haga Comitum.* 1725. *in-fol.*

2246 Altare Damascenum, seu Ecclesiæ Anglicanæ politica, Ecclesiæ Scoticanæ obtrusa, stud. & Opera Calderwood. *Lugd. B.* 1708. *in-4.*

2247 La Religion Ancienne & Moderne des Moscovites. *Holl.* 1799. *in-12. fig.*

2248 Mich. le Quin Oriens Christianus. *Paris.* 1748. 3 *vol. in-fol. C. M. v. f.*

2249 Ecclesiæ Græcæ Monumenta : Cotelerius edidit & not. illustravit. *Paris.* 1676. 4 *vol. in-4.*

2250 Morini Antiquitates Ecclesiæ Orientalis. *Londini.* 1782. *in-8.*

2251 Joh. à Lent Schediasma Historico Philologicum de Judæorum Pseudomessiis. *Herborn.* 1697. *in-4.*

2252 Histoire du Christianisme d'Ethiopie & d'Arménie, par de Lacroze. *La Haye*, 1739. *in-12.*

2253 Hist. de l'Eglise du Japon, par Crasset. *Par.* 1715. 2 *vol. in-4.*

2254 De Libatio Africanæ Historiæ Ecclesiasticæ, sive Optati Melevitani Libri VII. cum annot. Bulduini. *Paris.* 1569. *in-8.*

2255 Les Cimétiéres sacrés, par de Sponde. *Rouen*, 1599. *in-12.*

Histoires des Concîles.

2256 Hist. du Concile de Pise, par Lenfant. *Amst.* 1724. 2 *vol. in-4. gr. p. v. f.*

2257 Hist. de la guerre des Hussites ou du Concile de Basle, par le même. *Amst.* 1731. 2 *vol. in-4. gr. p. v. f.*

2258 Hist. du Concile de Constance, par le même. *Amst.* 1727. 2 *vol. in-4. gr. p. f. v.*

2259 Istoria del Concilio di Trento scritta del Palavicino. *In Roma*, 3 *vol. in-4.*

2260 Hist. du Concile de Trente de Fra-Paolo Sarpi, trad. par Amelot de la Houssaye. *Amst.* 1696. *in-4. m. r. d. de m. r.*

2261 Istoria del Concilio Tridentino da Fra-Paolo Sarpi di P. F. le Courayer. *Lond.* 1757. 2 *vol. in-4.*

2262 La même, avec les notes du P. Courayer. *Lond.* 1736. 2 *vol. in-fol.*

2263 La même. *Amst.* 1736. 2 *vol. in-4.*

Histoire des Papes & Cardinaux.

2264 Hist. des Papes, par Bruys. *La Haye*, 1731. 5 *vol. in-4.*

2265 Du Moulinet, Hist. Summ. Pontificum à Martino V. ad Innocentium II. per earum Numismata ab an. 1517. ad an. 1678. *Lutet.* 1617. *in-fol. C. M.*

2266 Blondellus de Joanna Papissa. *Amst.* 1658..... Traité de la la Papesse Jeanne contre l'éclaircissement donné par Blondel & Cognard. *Saumur*, 1655. *in*-12.

2267 Fr. Spanhemii de Papa fœmina inter Leonem IV. & Benedictum III. disquisitio Histor. *Lugd. Bat.* 1691. *in*-12.

2268 Vita di Sisto V. Pontifice Romano in novamente scritta da Leti. *Amst.* 1732. 3 *vol. in*-12. *v. f. tr. f.*

2269 La Vie du Pape Sixte V., par le même. *Par.* 1758. 2 *vol. in*-12.

2270 Burmanni Vita Hadriani VI. *Traj. ad Rhen.* 1727. *in*-4.

2271 Vie du Pape Alexandre VI. & de son fils César Borgia, trad. par Gordon. *Amst.* 1732. 2 *vol. in*-12.

2272 Histoire du Syndicat d'Edmond Richer, par Richer. *Avig.* 1753. *in*-8.

2273 Il Nipotismo di Roma overo relatione. 1667. 2 *vol. in*-12.

2274 Hist. des Conclaves depuis Clément V. jusqu'à présent. *Colog.* 1703. 2 *vol. in*-12. *fig.*

2275 Origine de la grandeur de la Cour de Rome, & de la nomination aux Evêchés & aux Abbayes, par Vertot. *Lauf.* 1745. *in*-12.

2276 Tableau de la Cour de Rome, par Aymon. *La Haye*, 1727. *in*-12. *v. f.*

2277 L'Etat du Siége de Rome. *Colog.* 1707. *in*-12.

2278 Lettres, Anecdotes & Mémoires Historiq. du Nonce Visconti, par Aymon. *Amst.* 1717. 2 *vol. in*-12.

2279 La Vie du Cardinal Commendon, par Fléchier. *Par.* 1671. *in*-4.

2280 Hist. du Cardinal Alberoni. *La Haye*, 1719. *in*-12.

2281 La Vie du Cardinal Bellarmin, par Frizon. *Brux.* 1718. *in*-4.

Histoire des Ordres Monastiques & Religieux

2282 Histoire du Clergé Séculier & Régulier. *Amst.* 1667. 4 *vol. in*-8. *fig.*

2283 De gli habiti delle Religioni con le Armi e breve descrittion loro Opera di Fialetti. *Vener.* 1626. *in*-8.

2284 Abrégé de l'Histoire de l'Ordre de S. Benoît, par la Congrégation de S. Maur. *Par.* 1684. 2 *vol. in*-4.

2284 * Les Moines empruntés, par Haitze. *Colog.* 1696. *in*-12.

2285 Hist. des Hommes illustres de l'Ordre de S. Dominique, par le P. Touron. *Par.* 1743. 6 *vol. in*-4.

2286 La Guerre Séraphique. *La Haye*, 1740. *in*-12.

2287 Les Conformités de S. François, avec les Figures de Picart. *Amst.* 1734.... La Legende dorée. *Amst.* 1734. 3 *vol. in*-12. *m. r.*

2288 Historiæ Societatis Jesu, Autore Nicolao Orlandino. *Romæ*, 1615. *in-fol.*

2289 Recueil de Pieces touchant l'Hist. de la Compagnie de Jesu, par le P. Jouvenci. *Liege*, 1716. *in*-12.

2290 Histoire de D. Inigo de Guipuscoa. *La Haye*, 1738. 2 *vol. in*-12.

2291 Hist. des Jésuites. *Soleure*, 1740. 4 *vol. in*-12.

Histoire des Ordres Militaires.

2291* Historia della Sacra Religione Militari di S. Giovanni Gerosolimitano detta di Malta del Bartol. dal Pazzo. *Venet.* 1703. 2 *vol. in*-4. *v. f. tr. f.*

2292 Breve particolare istruzione del Sacro ordine Militari di Malta, composta dal Zondari. *Parigi*, 1721 *in*-8.

2292 * Hist. de Malthe, par l'Abbé de Vertot, 1726. 4 *vol. in*-4. *v. f.*

2293 La même Hist. *Par.* 1726. 4 *in*-4. *gr. p.*

2294 Hist. de tous les Ordres Militaires ou de Chevalerie, par Schoonebeek. *Amst.* 1699. 2 *vol. in*-8.

2295 Hist. des Religions ou Ordres Militaires de l'Eglise & des Ordres de Chevalerie, par Hermant. *Rouen*, 1698. *in*-12.

2296 Recherches de l'Ordre du Saint-Esprit. *Par.* 1710. 2 *vol. in*-12.

2297 Le Secret des Francs-Maçons. *Par.* 1744. *in*-12.

2298 Vrais Maçons écrasés, trad. du Latin. *Amst.* 1747. *in*-12. *fig.*

Vies des Saints, &c.

2299 Les Vies des Saints. *Par.* 1734. 2 *vol. in*-4.

2300 Vies des Saints, par Baillet. *Par.* 1739. 10 *vol. in*-4.

2301 Les Vies des Saints Peres des Déserts, par Arn. d'Andilly. *Par.* 1638. 3 *vol. in*-8.

2302 La Vie de S. Bernard, premier Abbé de Clairvaux & Pere de l'Eglise. *Par.* 1648. *in*-4.

2304 La Vie de S. Jean Chrysostôme. *Par.* 1664. *in-4.*

2305 La Vie de S. Athanase, par Hermant. *Par.* 1671. 2 *v. in-4.*

2306 La Vie de Dom Barthelemy des Martyrs. *Par.* 1669. *in-8.*

2306 * La Vie de S. Thomas d'Aquin, par le P. Touron. *Par.* 1740. *in-4.*

2307 La Vie de S. Ignace, par le P. Bouhours. *Par. Cramoisy.* 1673. *in-4.*

2307 * Vie de S. Stanislas Koska, en Chinois. *in-4.*

2308 Vie de Saint-Louis de Gonzague, en Chinois. *in-4.*

2309 Les Vies des SS. Peres des Déserts d'Occident. *Par.* 1757. 5 *vol. in-12.*

2310 Les mêmes. *Par.* 1647. 2 *vol. in-4. m. r.*

Histoire des Héréfies.

2311 Dictionn. Chronologique, Historique & Critique sur l'origine de l'Idolâtrie des Sectes Samaritains, &c. par Pinchinat. *Par.* 1736. *in-4.*

2312 Hist. Critiq. de Dogmes & de Cultes, par Jurieu. *Amst.* 1704. *in-4.*

2313 Cérémonies & Coutumes Religieuses de tous les peuples du Monde représentées par des Figures de Picart. *Amst.* 1723. 9 *vol.*... Les Superstitions anciennes & modernes représentées par des fig. par le même. *Amst.* 1737. 2 *vol.* en tout 11 *vol. in-fol.*

2314 Les mêmes. *Amst.* 1723. 11 *vol. in-fol. gr. p.*

2315 Mémoires pour servir à l'Hist. de la Fête des Foux, par du Tilliot. *Lauf.* 1741. *in-4.*

2316 Œuvres de Mainbourg. *Par.* 1682. 14 *vol. in-4.*

2317 Les mêmes. *Par.* 1686 & suiv. 26 *vol. in-12.*

2318 Les mêmes. *Holl.* 1627. 26 *tom. en* 20 *vol. in-12.*

2319 Hist. des Albigeois & des Vaudois ou Barbets, par Benoît. *Par.* 1691. 2 *vol. in-12.*

2320 Hist. des Révolutions & Regnes, par Varillas. *Par.* 1686. 22 *vol. in-4.*

2321 Hist. de l'Edit de Nantes. *Delft.* 1693. 5 *vol. in-4.*

2322 Traités contre le Paganisme du Roi-boit, par des Lyons. *Par.* 1670. *in-12.*

2323 Hist. du Fanatisme de nôtre tems, par de Brueys. *Utrecht.* 1737. 3 *vol. in-12.*

2324 The History of the English Baptists, by Crosby. *Lond.* 1738. 4 *vol. in-8.*

2325 A. Limborch Hist. Inquisitionis. *Amst.* 1692. *in-fol. fig.*

Histoire prophane ancienne des Juifs, des Assyriens, &c.

2326 Josephi Opera Gr. & Lat. ex edit. Havercampi. *Amst.* 1726. 2 *vol. in-fol.*

2327 Ejusdem Josephi Opera Gr. & Lat. *Amst.* 1726. 2 *vol. in-fol. C. M. velin.*

2328 Hist. des Juifs, par Arnaud d'Andilly. *Par.* 1700. 2 *vol. in-4.*

2329 Hist. de Flavius Joseph, trad. par le même. *Brux.* 1675. 5 *vol. in-8.*

2330 Hist. des Juifs & des Peuples voisins, par Prideaux. *Amst.* 1728. 6 *vol. in-12.*

2331 La même. *Amst.* 1744. 2 *vol in-4.*

2332 Hist. du Monde, Sacrée & Prophane du Shuckfort, trad. par Bernard. *Leyde*, 1738. 2 *vol. in-12. v. f. tr. f.*

2333 Hist. du Peuple Hebreu. *Liége.* 1724. 3 *vol. in-12.*

2334 La Monarchie des Hebreux, par de S. Philippe, trad. par Beaumarchais. *La Haye*, 1727. 4 *vol, in-12.*

2335 Réflexions Critiques des anciens peuples, par Fourmont. *Par.* 1735. *in-4.*

Histoire Grecque.

2336 Pausaniæ Descriptio Græciæ Gr. & Lat. cum annot. Xylandri & Sylburgii. *Annoviæ*, 1613. *in-fol.*

2337 Pausaniæ Descriptio Græciæ Gr. & Lat. cum annot. Xylandri, Sylburgii & Kuknii. *Lipsiæ*, 1696. *in-fol.*

2338 Pausanias, ou Voyage Historique de la Grece, trad. en Franç. avec des Remarq. par Gédoyn. *Par.* 1731. 2 *vol. in-4.*

2339 Le même. *Par.* 1731. 2 *vol. in-4. gr. p.*

2340 Histoire de Thucydide, par Perrot d'Ablancourt. *Amst.* 1713. 3 *vol. in-12.*

2341 La même Histoire. *Par.* 1714. 3 *vol. in-12. v. f.*

2342 Dionysii Halicarnassei de Thucydidis Historia Judicium And. Bononio interprete. *Venet. Ald.* 1560. *in-4.*

2343 Herodoti Historia Gr. & Lat. ex edition. Gronovii. *Lug. Bat.* 1715. *in-fol.*

2344 Xenophontis Opera Gr. Lat. ex interpretatione Leuclavii. *Paris.* 1625. *in-fol.*

2345 Xenophontis de Cyri expeditione Libri VII. Gr. Lat. ex edit. Hutchinson. *Oxoniæ*, 1745. *in-8.*

2346 La Retraite des Dix mille de Xénophon, par Perrot, *Par.* 1648. *in-8. m. r.*

2347 Hist. de Cyrus le jeune & de la Retraite des Dix mille, par Pagi. *Amst.* 1736. *in-12.*

2348 Adriani expeditiones Alexandri Libri VII. Opera Gronovii. *Lugd. Bat.* 1704. *in-fol.*

2349 Quinti Curtii de rebus Gestis Alexandri magni *Argent.* 1518. *in-fol.*

2350 Idem. *Venet. Aldus.* 1520. *in-8.*

2351 Idem. *Par. Colinæus.* 1543. *in-12. m. r.*

2352 Idem cum not. varior. ex recensione Pitisci. *Hag. Com.* 1708, *in-8.*

2353 Idem. *Lugd. Bat. Elzev.* 1633. *in-12.*

2354 Idem. *Amst. Elzev.* 1670. *in-24.*

2355 Idem cum variantibus lectionibus Commentariis ac notis Snakenburgii. *Lug. Bat.* 1724. 2 *vol. in-4. m. r.*

2356 Idem cum Supplement. Frinshemii. *Hag. Com.* 1727. 2 *vol. in-12.*

2357 Quinte-Curce, par de Vaugelas. *Par.* 1702. 2 *vol. in-12.*

2358 Hist. des Sept Sages, par de Larrey. *Rott.* 1713. 2 *vol. in-8.*

Histoire Romaine.

2359 Dionysii Helicarnassei Opera Gr. Lat. stud. Sylburgii. *Francof. Wechel.* 1586. *in-fol.*

2360 Titi-Livii Historiarum Libri ex recensione Heinsiana. *Lugd. Bat. Elzev.* 1634. 4 *vol. in-12. vel.*

2361 Ejusd. Historiarum ex recensione Gronovii. *Lugd. Bat. Elzev.* 1654. 3 *vol. in-12.*

2362 Ejusd. Historiarum cum perpetuis Gronovii & variorum notis. *Amst.* 1665. 3 *vol. in-8.*

2363 Ejusd. Historiarum interpret. & notis Dujatii ad usum Delphini. *Paris.* 1679. 6 *vol. in-4.*

2363 * L. Annæus Florus: Cl. Salmasius addidit Lucium Ampelium. *Lugd. Bat. Elzev.* 1638. Florus Germanicus, sive Everwassenbergii Commentariorum de bello. *Hamburgi.* 1640. *in-12.*

2364 Ejusdem Flori ex recensione Blankardi & cum Observationib. Salmasii. *Lugd. Bat.* 1648. *in-8.*

O ij

2365 Ejusdem Flori cum notis variorum ex recensione Gravii. *Amst.* 1702. 2 *vol. in-8.*

2365* Ejusdem Flori cum not. & observat. J. J. Pontani. *Hag. C.* 1686. *in-24. m. à. d.*

2366 Velleius Paterculus. *Lugd. Bat. Elzev.* 1654. *in-12.*

2367 Ejusdem Vellei Paterculi cum interpretatione & notis Rigues in usum Seren. Delphini. *Par.* 1675. *in-4.*

2368 Eutropii Historiæ Romanæ cum notis & Emendation. Annæ Tanaquilli ad usum Delphini. *Lond.* 1716. *in-8.*

2369 Eutropii Breviarium Historiæ Romanæ cum variorum notis ex recensione Havercampi. *Lugd. Bat.* 1729. *in-8.*

2370 Abrégé de l'Hist. Romaine, par Eutrope, trad. par Lezeau. *Par.* 1717. *in-12.*

2371 Sexti Aurelii Victoris Hist. Rom. cum notis variorum ex edition. Sam. Pitisci. *Ultraject.* 1696. *in-8.*

2372 Sexti Aurelii Victoris Historia Romana cum Schotti & aliorum notis. *Lugd. Bat.* 1670. *in-8.*

2373 Sexti Aurelii Victoris cum notis variorum curante Arntzenio. *Amst.* 1733. *in-4.*

2374 Hist. de Polybe, trad. par Thuillier, avec un Comment. des notes Critiq. & Historiq. par Folard. *Par.* 1727. 6 *vol. in-4.*

2374* La même Hist. *Par.* 1728. 6 *vol. in-4. gr. p.*

2375 Abrégé des Commentaires de Folard. *Par.* 1754. 3 *vol. in-4.*

2376 L'Esprit du Cheval. Folard. *Par.* 1760. *in-8.*

2376* Mémoires Militaires sur les Grecs & les Romains, par Guichard. *La Haye.* 1758. *in-4. fig.*

2377 Apiani Alexandri Romanarum Historiarum Libri Gr. Lat. cum variorum notis ex edit. Tollii. *Amst.* 1670. 2 *v. in-8.*

2378 C. Crispi Salustii Conjuratio Catilinæ & bellum Jugurthinum. *Venet.* 1471. *in.4. vel.*

2379 Eadem cum notis variorum ex edit. Havercampi. *Amst.* 1742. 2 *vol. in-4. C. M. m. r.*

2380 C. J. Cæsaris Opera. *Lugd. Bat. Elzev.* 1634. *in-12.*

2381 Ejusd. C. J. Cæsaris emendat. Scaligeri. *Amst.* 1628. *in-24. m. r. l. v. r.*

2382 Ejusd. Cæsaris cum notis variorum ex edition. Vossii. *Amst.* 1697. *in-8.*

2383 Ejusd. C. Julius Cæsaris cum notis variorum ex edit. Oudendorpii. *Lugd. Bat.* 1737. *in-4.*

2384 Ejusd. Julius Cæsaris ex edit. Oudendorpii. *Lugd. Bat.* 1742. 2 *vol. in-4. C. M.*

2385 Ejusd. Julii Cæsaris. *Glasg.* 1750. *in-4.*

2386 Ejusd. J. Cæsaris ex edit. Davisii. *Cantab.* 1729. *in-4.*

2387 Ejusd. J. Cæsaris quæ exstant. *Francof.* 1606. *in-4.*

2388 Les Commentaires de César, trad. de Perrot d'Ablancourt. *Par.* 1694. 2 *vol. in-12.*

2289 Les Commentaires de César. *Amst.* 1763. 2 *vol. in-12.*

2389* Commentarii di Caio Givlio Cesare, tradotti per Agost. Ortica. *Venet.* 1619. *in-8.*

2390 Histoire de Cicéron tirée de ses Ecrits & des Monumens. *Par.* 1749. 4 *vol. in-12.*

2391 Cornel. Taciti Opera. *Venet. Aldus.* 1538. *in-8.*

2392 Idem cum notis Grotii. *Lugd. Bat. Elzev.* 1640. 2 *vol. in-12.*

2393 Idem ex recensione Theod. Ryckii. *Lugd. Bat.* 1687. 2 *vol. in-12.*

2394 Tacite avec les not. Politiq. par de la Houssaie. *Amst.* 1731. 10 *vol. in-12.*

2395 Discours Historiq. Critiq. & Politiq. sur Tacite par Gordon. *Amst.* 1742. 2 *vol. in-12. m. v*

2396 C. Suetonius Tranquillus cum annot. diversorum. *Amst.* 1630. *in-24. m. r. l. v. r.*

2397 Caius Suetonius Tranquillus. *Par. E typ. Reg. in-12.*

2398 C. Suetonii Opera cum notis Burmanni. *Amst.* 2 *vol. in-4.*

2399 Histoire des Empereurs, par Tillemont. 1999. 6 *vol. in-4. m. r.*

2400 Cassii Dionis Historiæ Romanæ cum annotationibus Fabricii. *Hamburgi.* 1750. 2 *vol. in-fol. v. f. tr. f.*

2401 Histoire de Dion Cassius de Nicée. *Par.* 1674. 2 *vol. in-12.*

2402 Hist. d'Ammian Marcellin depuis l'an de N. Seigneur 354. jusques en 378. *Par.* 1672. 3 *vol. in-12.*

2403 Mémoires de la Cour d'Auguste, par Feutry. *Par.* 1754. *in-12. v. ec. tr. f.*

2404 Histoire de Philippe Auguste. *Par.* 1702. 2 *vol. in-12.*

2405 Histoire de Théodose le Grand, par Fléchier. *Par.* 1729. *in-12.*

2406 Histoire de César Germanicus, par de Beaufort. *Leyde.* 1741. *in-12.*

2407 Discours sur le Barreau d'Athenes & de Rome, par le Moine d'Orgival. *Par.* 1755. 2 *vol. in-12.*

2408 Annales de l'Empire depuis Charlemagne, par M. de Voltaire. *Basle.* 1753. 2 *vol. in-12.*

2409 La République Romaine, par Beaufort. *La Haye.* 1766. 2 *vol. in-4.*

2410 Histoire du Bas-Empire, en commencant à Constantin le Grand, par M. le Beau. *Par.* 1757. 10 *vol. in-12*

2411 Plutarchi Vitæ Illustrium & Opera Moralia Gr. Lat. cum notis Rualdi. *Paris.* 1624. 2 *vol. in-fol. C. M.*

2412 Eæd. Plutarchi Vitæ parallelæ Gr. & Lat. cum variantibus lection. & notis ex recent. Bryani. *Lond.* 1729. 5 *vol. in-4. C. M. v. f. d. s. tr.*

2413 Vies des Hommes illustres de Plutarque, trad. par Jacq. Amyot, avec la Vie d'Annibal & Scipion, trad. par de l'Ecluse. *Par Vascosan.* 1567-1574. 13 *tomes* 12 *vol...* Decade, contenant les Vies de X Empereurs, &c. par Allegre, &c. *Par.* 1599. 1 *vol. en tout* 14 *tom. en* 13 *vol. in-8. m. r. lav. r.*

2414 Les Vies des Hommes Illustres de Plutarque. trad. par Dacier. *Par.* 1722. 9 *vol. in-4. v. f. d. s. t.*

2415 Histoire de Scipion l'Africain. pour servir de suite aux Hommes Illustres de Plutarque, par Seran de Latour. *Par.* 1738. *in-12.*

2416 Cornelii Nepotis Vitæ excell. Imperat. cum notis Courtin ad usum Delphini. *Par.* 1675. *in-4.*

2417 Gesta Dei per Francos, sive Orientalium expeditionum & regni Francorum Hierosolymitani Scriptores varii, editi per Bongarsium. *Hanoviæ.* 1711. 2 *vol. in-fol.*

2418 Histoire de Constantinople depuis le regne de l'ancien Justin, par Cousin. *Holl.* 1685. 10 *vol. in-12.*

2419 Le même. *Par.* 1672. 8 *vol. in-4.*

Histoire d'Italie.

2420 Hist. des Guerres d'Italie par Guichardin. *Lond.* 1738. 3 *vol. in-4.*

2421 La même Hist. *Lond.* 1738. 3 *vol. in-4. gr. p. v. f.*

2422 Annali d'Italia di Muratori. *Milano.* 1749. 5 *vol. in-4.*

2423 Rome Ancienne & Moderne, par Deseine. *Leyde.* 1713. 8 *vol. in* 12.

2424 Ritratto di Roma Moderna. *Roma.* 1588. *in-8.*

2425 The Present state of the Court of Rome *Lond.* 1706. *in-8.*

2426 Libro di Pyrrho ligori delle Antichita di Roma. *Venet.* 1553. *in-8. v. f.*

2427 Le Pitture Antiche di Roma del Bellori. *In Roma*. 1606, *in-fol*.

2428 Hist. de Nicol. Rienzy, Senateur de Rome, par de Boispreaux. *Par*. 1743. *in*-12

2429 Dell'Historia di Napoli di Summonte. *Napoli* 1695. 4 *vol*. *in*-4.

2429 * Istoria Civile del regno di Napoli di Gianone. *Haia*, 1753. 4 *vol*. in-4.

2430 Hist. Civile de Naples, par le même. *La Haye*, 1742. 4 *vol*. *in*-4.

2431 Histoire de la Révolution du Royaume de Naples, par Mad. de Lussan. *Par*. 1757. 4 *vol*. *in*-12.

2432 Historia Siciliana raccolta per Buonfiglio. *Vener*. 1604. *in*-4.

2433 La Vie de Don Pedro Giron, Duc d'Ossone, trad, par Leti. *Amst*. 1701. 3 *vol*. *in*-12.

2434 Lettere Polemiche contro il. Sig. Giacomo Piccenino Ministro in Soglio, del R. P. Don Benedetto Bachini. *Altorf*. 1738. *in*-4.

2435 Guesnay Annales Massilienses. *Lugd*. 1647. *in-fol*.

2436 Hist. du Gouvernement de Venise, par Amelot de la Houssaye.. *Amst*- 1714. 3 *vol*. *in*-12.

2437 La Ville & la République de Venise, par de S. Disdier. *Amst*. *Elzev*. 1780. *in*-12.

2438 Histoire de la République de Venise, par Nani. *Cologne*, 1682. 2 *vol*. *in* 12. *fig*.

2439 Vincentini Urbis Venetiarum Prospectus celebriores. *Venet*. 1742. *in-fol*. *obl*. *m*. *r*.

2440 Panvinii Antiquitatum Veronensium Libri VIII. *Veron*. 1648. *in-fol*.

2441 Verona illustrata contiene l'Istoria delle Citta è insieme dell'Antica Venezia. *Verona*, 1732. *in-fol*. C. M.

2442 Journal Historique du Siege de Turin. *Amst*. 1708. *in*-12.

2443 Histoire des Révolutions de Gênes. *Paris*, 1752. 3 *vol*. *in*-12.

2444 Histoire de la République de Gênes. *Holl*. 1688. 3 *vol*. *in*-12.

2445 Hist. de l'Isle de Corse. *Nancy*, 1749. *in*-12.

2446 Hist. des Révolutions de l'Isle de Corse. *La Haye*, 1738. 2 *tom*. 1 *vol*. *in*-12.

HISTOIRE DE FRANCE.

Topographie de la France.

2447 Idée Géographique & Historiq. de la France. *Par.* 1747. 2 *vol. in*-12.

2448 Description de la France, par l'Abbé de Longuerue. *Par.* 1722. *in-fol. fig.*

2449 Les Délices de la France. *Leyde.* 1728. 3 *vol. in*-8.

2450 Dictionnaire de la France. *Par.* 1726. 3 *vol. in-fol.*

2451 Le Royaume de Erance & les Etats de Lorraine, par Doisy. *Par.* 1753. *in*-4.

2452 Les Riviéres de France ou Description Géographique & Historiq du Cours & Débordement des Riviéres de France, par Coulon. *Par.* 1644. 2 *vol. in*-8.

Histoire Générale de la France.

2452 * Hist. des Celtes, par Pelloutier. *La Haye*, 1711. *in*-12.

2453 Illustrations de Gaule & Singularités de Troye, par J. le Maire de Belges. *Par.* 1578.... Le Traité de la différence des Scismes & dè Conciles de l'Église, par le même. *Par.* 1533. *in*-4.

2453*Hist. Critiq. de l'Etablissemant de la Monarchie Françoise dans les Gaules, par l'Abbé Dubos. *Par.* 1734. 3 *vol. in*-4. *gr. p.*

2454 Hist. de l'Origine & des Progrès de la Monarchie Françoise, par Marcel. *Par.* 1686. 4 *vol. in*-12.

2454* Molinæi de Monarchia Francorum Tractatus. 1610... Fulmen brutum Papæ Sixti V. advers. Henricum Borbonium Principem Condæum (Ant. Hottomanno) *Edit. anni* 1603. *in*-8.

2455 Annales de la Monarchie Françoise, par Limiers. *Amst.* 1724. *in-fol. gr. p.*

2455* Bibliotheque Historiq. par le Long. *Par.* 1719. *in-fol.*

2456 Recueil des Historiens des Gaules & de la France, par Dom Mart. Bouquet. *Par.* 1738. 10 *vol. in-fol. gr. p. v. f. tr. f.*

2456 * Oblatio Salis sive Gallia lege Salis condita tractatus Salis naturam, studio d'Avissoni. *Par.* 1641. *in*-12.

2457 Antiquités de la Gaule Belgique, par de Wassebourg. 1549. *in-fol. m. r.*

2457 * L'Art de fixer dans la mémoire les faits les plus remarquables

quables des l'Histoire de France. *Par.* 1745. *in-12.*

2458 Hist. des Gaules & des Conquêtes des Gaulois, par Dom Martin. *Par.* 1754. 2 *vol. in-4.*

2458* Hist. des Révolutions de France, par de la Hode. *La Haye.* 1738. 4 *vol. in-12.*

2459 Histoire de France, par l'Abbé le Gendre. *Par.* 1718. 3 *vol. in-fol.*

2459* Hist. de France par de Mezeray. *Par. Guillemot.* 1643. 3 *tom.* 6 *vol. in-fol. v. f. d. s. t.*

2460 Abrégé Chronologiq ou Extrait de l'Histoire de France par le même. *Par Billaine.* 1668. 3 *vol. in-4.*

2460* Hist. de France par le même. *Amst.* 1740. 4 *vol. in-4. d. s. t.*

2461 La même. *Amst.* 1755 *& suiv.* 14 *vol. in-12.*

2461* Histoire de France, par Chalons. *Par.* 1720. 3 *vol. in-12.*

2462 Histoire de France, par le P. Daniel. *Par.* 1722. 7 *vol. in-4. gr. p.*

2463 Recüil des Mémoires & Instructions pour l'Hist. de France. *Par.* 1626. *in-4.*

2464 Abrégé Chronologiq. de l'Hist. de France, avec le Supplément, par M. Henault. *Par.* 1749. 2 *vol. in-4. gr. p.*

Histoire particuliere de France.

2465 Joan. Jac. Chifletii Anastasis Childerici I. *Antv.* 1655. *in-4.*

2466 Hist. du Regne de Charlemagne, par de la Bruere. *Par.* 1745. 2 *vol. in-12.*

2467 De Formulæ regnante Christo in veterum monumentis usu, Aut. Blondello. *Amst.*

2468 Hist. de Suger, Abbé de S. Denis. *Par.* 1721. 3 *vol in-12.*

2468* Histoire de S. Louis, par Joinville. *Par.* 1761. *in-fol.*

2469 Histoire du différend d'entre le Pape Boniface VIII. & Philippe-le-Bel. *Par.* 1655. *in-fol.*

2470 Hist. des démêlés du Pape Boniface VIII. avec Philippe-le-Bel, par Baillet, 1718. *in-8.*

2471 Mémoires contenant la Vie de Bertrand du Guesclin. *Par.* 1699. *in-4.*

2472 Histoire Chronique, par Froissart. *Par.* 1674. *in-fol.*

2473 Histoire de Charles VI. par le Laboureur. *Par.* 1663. 2 *vol. in-fol. gr. p.*

2474 Hist. des Rois Charles VI. Charles VII. & Charles VIII.

par Godefroy. *Par. l'Impr. Royale.* 1653 & suiv. 3 *vol. in-fol.*

2475 Hist. & Regne de Charles VI. par Mad. de Lussan. *Par.* 1753. 9 *vol. in-12.*

2476 Mémoires pour servir à l'Hist. de France & de Bourgogne sous les Regnes de Charles VI & VII. par de Salles. *Par.* 1729. *in-4.*

2477 Œuvres de Alain Chartier, par Duchesne. *Par.* 1617. *in-4.*

2478 Mémoires de Philippe de Comines. *Leide, Elzev.* 1648. *in-12.*

2478 * Mémoires de Philippe de Comines par Godefroy. *Brux.* 1723. 5 *vol. in-8.*

2479 Les mêmes. *Par.* 1747. 4 *vol. in-4 gr. p. br.*

2480 Histoire de Louis XI, par Matthieu. *Par.* 1620. *in-4.*

2481 La même, par Duclos. *Par.* 1745. 3 *vol. in-12.*

2482 Hist. du regne de Louis XI. par Mad. de Lussan. *Paris,* 1755. 6 *vol. in-12.*

2483 Le Vergier d'Honneur, de l'Entreprise & Voyage de Naples du Roi Charles VIII. par And. de la Vigne. *Par. in-fol. fig. goth.*

2484 Hist. du Chev. Bayard. *Par.* 1702. *in-12.*

2485 Lettres du Roi Louis XII. du Card. d'Amboise. *Brux.* 1712. 4 *vol. in-12.*

2486 Vie du Cardinal d'Amboise, par le Gendre. *Rouen.* 1726. 2 *vol. in-12.*

2487 Histoire contenant les plus mémorables faits advenus en l'an 1587, tant en l'Armée commandée par le Duc de Guise, qu'en celle des Huguenots, conduite par le Duc de Bouillon. *Par.* 1588. *in-12. v. f.*

2488 Hist. de la Ligue faite à Cambray, par Dubos. *La Haye,* 1710. 2 *vol. in-12.*

2489 Mémoires de Fr. de Boyvin, Baron de Villars sur les Guerres de Piémont. *Lyon,* 1610. 2 *vol. in-8.*

2489 * Mémoires de la Vie de Franç. de Scepeaux Sire de Vielleville, par Carloix. *Par.* 1757. 5 *vol. in-8.*

2490 Discours Merveilleux de la Vie, Actions & Déportemens de Catherine de Médicis. *Par.* 1649. *in-12.*

2491 Mémoires de Condé. *La Haye,* 1743. 6 *vol in-4.*

2492 Les mêmes. *La Haye.* 1743. 6 *vol. in-4. v. f. tr. f. gr p.*

2493 La Legende de Charl. Card. de Lorraine & de ses Freres de la Maison de Guise, par Franc. de l'Isle. *Rheims,* 1576. *in-8.*

2494 Mémoires de Castelnau, par le Laboureur. *Brux.* 1731. 3 *vol. in-fol.*

2495 Les mêmes. *Brux.* 1731. 3 *vol. in-fol. gr. p.*

2496 Legende de Domp Claude de Guyse, par Regnaud, Juge Mage de Gluny. 1581. *in*-8.

2497 Mémoires d'Etat de France sous Charles IX. *Meidelb.* 1578. 3 *vol. in*-8.

2498 Mémoires d'Etat de Villeroy. *Sedan*, 1625. 4 *vol. in*-8.

2499 La Vie de Gaspard de Coligny, Amiral de France. *Colog.* 1686. *in*-8.

2500 Mémoires de Brantome. *La Haye*, 1740. 15 *vol. in*-12.

2501 Le Tocsin contre les Massacreurs. *Rheims*, 1572. *in*-8. *m r.*

2502 Le Cabinet du Roi de France, dans lequel il y a trois Perles précieuses d'inestimable valeur, par Fromenteau. 1581. *in*-8. *m. r.*

2503 Papæ Sixti V. Fulmen Brutum advers. Henricum Regem Navarræ & Henricum Principem Condæum (Aut. Hottomano). *Edit. an.* 1603. *in*-8.

2504 Les Lettres de Paul de Foix. *Par.* 1628. *in*-4.

2505 Moyens d'Abus & Nullités du Rescrit & Bulle du Pape Sixte V. contre Henri Roi de Navarre. *Colog.* 1686. *in*-8.

2506 J. Boucher, de Justa Henrici III. abdicatione è Francorum regno Libri IV. *Par.* 1589. *in*-8. *m. r.*

2507 Recueil de divers Piéces servant à l'Hist. de Henri III. avec la Confession de M. de Sancy, &c. par le Baron de Feneste. *Colog.* 1663. *in*-12.

2508 Recueil de diverses Piéces servant à l'Hist. de Henri III. *Cologne*, 1699. 2 *vol. in*-12.

2509 Les Cartons du Journal de Henri III. *in*-8. *v. f.*

2510 Vie de Louis Balbe-Berton de Crillon, surnommé le Brave. *Par.* 1757. 2 *vol. in*-12.

2511 Satyre Menippée de la vertu du Catholicon d'Espagne & de la tenue des Etats de Paris. *Ratisbonne*, 1722. 3 *vol. in*-8.

2512 Sermons de la simulée Conversion de H. de Bourbon, par Jean Boucher. *Par.* 1594. *in*-8.

2512* Lettres de N. S. P. le Pape Grégoire XIII. exhortatoires & Monitoires aux Princes, Ducs, Marquis, Comtes & autres grands Seigneurs & Nobles du Royaume de France suivans le parti de Henri de Bourbon, jadis Roi de Navarre. *Brux.* 1591. *in*-12. *br.*

2513 Mémoires de Marguerite de Valois, Reine de France. *La Haye*, 1715. 2 *vol. in*-12.

2514 Hist. des Guerres Civiles de France, trad. de Davila, par l'Abbé Mallet. *Amst.* 1758. 3 *vol. in*-4.

2515 J. N. Thuani Historiarum sui temporis. *Lond.* 1733. 7 *vol. in-fol.*

2516 Hist. Universelle de de Thou. *Lond.* 1734. 16 *vol. in*-4.

2517 La même Hist. *Lond.* 1734. 16 *vol. in*-4. *gr. p. v. e. tr. f.*

2518 Mémoires pour servir à l'Hist. de France, par P. de l'Etoille. *Coleg.* 1719. 2 *vol. in*-8.

2519 Mémoires ou Œconomies Royales d'Etat, Domestiques Politiq. & Militaires de Henri le Grand, par le Duc de Sully. *Amst.* 1662. 4 *tom. en* 2 *vol. in-fol.*

2520 Les mêmes, avec des Remarq. de P. M. de l'Ecluse Desloges. *Par.* 1767. 8 *vol. in*-12.

2521 Lettres du Card. d'Ossat, par Amelot de la Houssaye. *Amst.* 1732. 5 *vol. in*-12.

2522 Recueil de plusieurs Pieces servant à l'Hist. Moderne. *Cologne*, 1663. *in*-12.

2523 Hist. de Henri le Grand, par Perefixe. *Amst. Elzev.* 1661. *in*-12.

2524 Lettres d'Henri IV. par le Fevre. *Amst.* 1733. *in*-8.

2525 Apologie de Jehan Chastel, par de Verone (J. Bouch.) 1695. *in*-12. *m. r.*

2526 Histoire des Amours d'Henri IV. *Par.* 1754. *in*-12.

2527 Les Négociations du Président Jeannin *Par.* 1656. *in-fol.*

2528 La Vie du Duc d'Epernon, par Girard. *Par.* 1730. 4 *vol. in*-12.

2529 Lettres & Ambassade de Canaye, Seign. du Fresne. *Par.* 1645. 3 *vol. in-fol.*

2530 Journal du regne de Henri IV. par Pierre de l'Etoile. *La Haye*, 1741. 4 *vol. in*-8. *v. f.*

2531 Philippiques contre les Bulles & autres pratiques de la faction d'Espagne pour Henri le Grand. *Tours*, 1592. *in*-8.

2532 Les Mémoires du Duc de Nevers, par de Gomberville. *Par.* 1665. 2 *vol. in-fol. gr. p.*

2533 Hist. de Henri de la Tour d'Auvergne, Duc de Bouillon, par Marsollier. *Par.* 1719. *in*-4.

2534 Recueil des Pieces pendant le Regne du Connestable de Luyne. 1628. *in*-8.

2535 Le Tableau de la Régence de Blanche Marie de Medicis par Florentin. *Poict.* 1615. *in-8.*

2536 Histoire de la Mere & du Fils, par Mezeray. *Amsterd.* 1730. *in-4.*

2537 Mémoires concernant les affaires de France sous la Régenc de Marie de Medicis. *La Haye*, 1720. 2 *vol. in-12.*

2538 Mémoires particuliers pour servir à l'Hist. de France sous les regnes d'Henri III, de Henri IV. & Louis XIII. *Paris*, 1756. 3 *vol. in-12.*

2539 Mémoires du Duc de Rohan. 1647. *in-12.*

2540 Mémoires de Philippe de Mornay. *Amst.* 1628 & 1651. 4 *vol. in-4*

2541 Histoire des Diables de Loudun, (par Aubin.) *Amst.* 1693. *in-12.*

2542 Hist. de l'Entrée de la Reine mere du Roi Très-Chrétien dans la Grande-Bretagne, par de la Serre. *Lond.* 1639. *in-fol. fig.*

2543 Mémoires de Montchal. *Rotterd.* 1718. 2 *vol. in-12.*

2544 Vie du Cardinal de Richelieu. *Cologne.* 1696. 2 *vol. in-12.*

2545 Testament Politique du Cardinal de Richelieu. *Par.* 1764. 2 *vol. in-8.*

2546 Hist. de Louis XIII. par le Vassor. *Amst.* 1757. 7 *vol. in-4.*

2547 Les Avantures du Bar. de Fœneste, par Agrippa d'Aubigné. *Colog.* 1729. *in-8.*

2548 Diverses Piéces pour la Défense de la Reine Mere, par Matthieu Morgues. *in-fol.*

2549 Mémoires de la Rochefoucault. *Colog.* (*Holl. Elzev.*) 1664. *in-12.*

2550 Mémoires Secrets de la Cour de France pendant la Minorité de Louis XIV. *Amst.* 1733. 3 *vol. in-12.*

2551 Mercure François, ou Suite de l'Histoire de la Paix commencée en 1605 & finissant en 1644, par J. Richer. *Par.* 1611 & suiv. 25 *vol. in-8.*

2552 Lettres du Card. Mazarin. *Amst.* 1693. *in-12.*

2553 Jugement de tout ce qui a été imprimé contre le Cardinal Mazarin, par Naudé. (718. pag.) *Par. in-4. gr. p.*

2554 Mémoires du Card. de Retz & de Joly. *Amst.* 1731. 7 *vol. in-12.*

2555 Mémoires & la Vie de Cl. de l'Etouf, Chev. Baron de Sirot. *Par.* 1683. *vol. in*-12.

2557 Mémoires de feu le Duc d'Orléans. *Amst.* 1685. *in*-12.

2558 Mémoires d'un Favori du Duc d'Orléans. *Leyde*, 1668. *in*-12.

2559 Hist. des Démêlés de la Cour de France avec la Cour de Rome, par Desmarais. 1707. *in*-4.

2560 Mémoires de Bussy Rabutin. *Par.* 1696. 3 *vol. in*-12.

2561 Mémoires de Clermont, Marq. de Montglat. *Amst.* 1728. 4 *vol. in*-12.

2562 Mémoires de Rob. Arnauld d'Andilly. *Hamb.* 1734. *in*-12.

2563 Hist. de Mad. Henriette. *Amst.* 1742. *in*-12

2564 Mémoires de Puysegur. *Par.* 1747. 2 *vol. in*-12.

2565 Mémoires de d'Artagnan. *Colog.* 1702. 3 *vol. in*-12.

2566 Hist. du Vicomte de Turenne, par de Ramsay. *Par.* 1735. 2 *vol. in*-4. *gr. p.*

2567 Mémoires des deux dernieres Campagnes de M. de Turenne en Allemagne. *Par.* 1756. *in*-12.

2568 Lettres, Mémoires & Négociations du Comte d'Estrades. *Lond.* 1743. 9 *vol. in*-12.

2569 Histoire du Traité de Paix de Nimegue, par Courchetet. *Par.* 1754. 2 *vol. in*-12.

2570 Mémoires de Torcy pour servir à l'Histoire des Négociations depuis le Traité de Ryswyck jusqu'à la Paix d'Utrecht. *Lond.* 1757. 3 *vol. in*-12.

2571 Hist. des Négociations & du Traité de Paix des Pyrénées. *Par.* 1701. 2 *vol. in*-12.

2572 Hist. de Louis de Bourbon Prince de Condé, par Coste. *La Haye*, 1748. 2 *tom. en* 1 *vol. in*-4.

2573 Mémoires du Comte de Forbin. *Amst.* 1730. 2 *vol. in*-12.

2574 Mémoires de Feuquiere. *Lond.* 1736. *in*-4.

2575 Mémoires de M. de la Colonie. *Brux.* 1737. 2 *vol. in*-12.

2576 Hist. Militaire de Louis XIV. par Quincy. *Par.* 1726. 7 *vol. in*-4. *gr. p. v. f.*

2477 Mémoires pour servir à l'Hist. de Mad. de Maintenon, & à celle du siécle passé, par La Beaumelle. *Amst.* 1756. 15 *vol. in*-12.

2578 Lettres de Louis XIV. au Comte de Briord. *La Haye*, 1728. *in* 12.

2579 Hist. de Louis XIV. par Limiers. *Amst.* 1720. 3 *vol. in*-4.

2580 Histoire du même, par de Larrey. *Rotterd.* 1733. 9 *vol. in*-12.

2581 Hist. du Regne de Louis XIV. par Reboulet. *Avign.* 1744. 3 *vol. in-4.*

2581 * Hist. de la Vie & Regne de Louis XIV. enrichie de Médailles, par M. de la Martiniére. *La Haye*, 1740. 5 *vol. in-4.*

2582 La même Hist. 5 *vol. in-4. gr. p. br.*

2583 Le Siécle de Louis XIV. par de Francheville. *Berlin.* 1752. 2 *vol. in-12.*

2584 La même, par le même. *Leipsich.* 1754. 4 *vol. in-12.*

2585 Hist. Militaire du Duc de Luxembourg, par de Beaurain. *La Haye*, 1756. 5 *tom. en* 1 *vol. in-4.*

2586 Annales Politiques d'Irenée Castel de S. Pierre. *Lond.* 1757. 2 *vol. in-8.*

2587 Vie de Philippe d'Orléans. *Lond.* 1736. 2 *vol. in-12. fig.*

2588 Campagnes du Maréchal de Villars de 1713, par Gayot de Pitaval. *Par.* 1715. *in-12.*

2589 Mémoir. de la Regence. *La Haye*, 1729. 3 *vol. in-12. fig.*

2590 Histoire du Systême des Finances. *La Haye*, 1739. 3 *vol. in-12.*

2391 Mémoires de M. de Bourdeaux. *Amst.* 1756. 4 *vol. in-12.*

2592 Mémoires de Villars. *La Haye*, 1758. 3 *vol. in-12.*

2593 Mémoires de du Guay-Trouin, Lieutenant-Général des Armées Navales. *Amst.* 1746. *in-4. fig.*

2594 Lettres & Négociations de Vanhoey, Ambassadeur à la Cour de France. *Lond.* 1743. *in-12.*

2595 Mémoires de l'Abbé de Montgon. 1750. 6 *vol. in-12.*

2596 Description des Fêtes données par la Ville à l'occasion du Mariage de Mad. Louise de France avec Dom Philippe. *Par.* 1740. *in-fol. v. à. dent.*

2597 Représentation des Fêtes données par la Ville de Strasbourg, inventé & dirigé par Weis. *in-fol. gr. p.*

2598 Journal Historique de l'Armée du Roi en 1746. *La Haye*, 1747. *en-8.*

2599 Campagne de l'Armée du Roi en 1747. *La Haye*, 1757. *in-12.*

2600 Hist. du Comte de Saxe. *Mittaw*, 1752. 3 *vol. in-12.*

Histoire des provinces de France, &c.

2601 Description de la Ville de Paris, par la Caille. *Par.* 1714. *in-fol.*

2602 Description de Paris, de Versailles, de Marly, Saint-

Cloud, de Fontainebleau, &c. par Piganiol de la Force. *Par.* 1742. 8 *vol. in-12. fig.*

2603 Description de Versailles & de Marly, par le même. *Par.* 1713. 2 *vol. in-12.*

2604 Délices de Fontainebleau, par Guilbert. *P.* 1731. 2 *v. in-12.*

2605 Plan de Paris, levé & gravé par les ordres de M. Turgot. 1740. *in-fol. m. r.*

2606 Dissertations sur l'Hist. Ecclésiastiq. & Civile de Paris, par le Beuf. *Par.* 1739. 2 *vol. in-12.*

2607 Mémorial de Paris & de ses environs, par Antonini. *Par.* 1749. 2 *vol. in-12.*

2608 Les Antiquités de la Ville de Corbeil, par de la Bare. *Par.* 1647. *in-4.*

2609 Hist. de la Ville de Soissons, par Dormay. *Soissons*, 1663. 2 *vol. in-4.*

2610 Hist. de la Ville & des Seigneurs de Coucy, par Toussaint du Plessis. *Par.* 1728. *in-4.*

2611 Mémoires des Pays de Beauvais & Beauvoisis, par l'Oisel. *Par.* 1617. *in-4.*

2612 Duchesne, Historiæ Normannorum. *Par.* 1619. *in-fol.*

2613 Les Trophées des Normands, par Dumoulin. *Par.* 1658. *in-fol.*

2614 Histoire de Bretagne, par d'Argentré. *Par.* 1618. *in-fol.*

2615 Histoire Ecclésiastique & Civile de Bretagne, par D. Morice. *Par.* 1750. 5 *vol. in-fol.*

2616 Hist. Critiq. de l'Etablissement des Bretons dans les Gaules, par de Vertot. *Par.* 1720. 2 *vol. in-12.*

2617 Hist. des Comtes de Poitou, par Besly. *Par.* 1637. *in-fol.*

2618 Histoire de Rochefort, par le P. Théodore. *Blois*, 1733. *in-4.*

2619 Annales d'Aquitaine. *Par.* 1537. *in-fol. gott.*

2620 Histoire de Bearn, par Marca. *Par.* 1640. *in-fol.*

2621 Hist. Générale de Languedoc, avec des Notes & des Piéces justificatives, par les PP. de Vic & Jos. Vaissette. *Par.* 1730 & suiv. 5 *vol. in-fol. m. r.*

2622 Hist. des Comtes de Toulouse, par Catel. *Toulouse.* 1623. *in-fol.*

2623 Annales de Toulouse, par la Faille, avec les Vignettes de le Clerc. *Toul.* 1687. 2 *vol. in-fol.*

2624 Hist. & Chronique de Provence, par Cesar de Nostradamus. Lyon. 1614. *in-fol.*

2625 Mémoires concern. l'Hist. Ecclésiastiq. & Civile d'Auxerre,

xerre, par l'Abbé le Beuf. *Par.* 1743. 2 *vol. in-4.*

2627 L'Illustre Orbandale, ou l'Histoire ancienne de Châlons. *Lyon*, 1662. 2 *vol. in-4.*

2628 Mémoires Historiq. de la Province de Champagne, par Baugier. *Châalons*, 1721. 2 *vol. in-8.*

Histoire de Lorraine & d'Alsace.

2629 La Vie de Charles V. Duc Lorraine. *Amst.* 1741. *in-12.*

2630 Testament Politique de Charles Duc de Lorraine. *Lipsich.* 1696. *in-12.*

2631 L'Origine de la Très-Illustre Maison de Lorraine. *Toul*, 1704. *in-8.*

2632 Hist. de la Province d'Alsace, par Laguille. *Strasb.* 1727. *in-fol.*

2633 Schoepflini Alsatia Illustrata Celtica Romana Francica. *Colmar*, 1751. *in-fol. C. M.*

Mélanges de l'Histoire de France.

2634 L'Etat de la France, par les Bénédictins. *Par.* 1749. 6 *vol. in-12.*

2635 Le même, par Boulainvilliers. *Lond.* 1752. 8 *vol. in-12.*

2636 Œuvres de Pasquier, conten. les Recherches de la France. *Amst.* 1723. 2 *vol. in-fol.*

2637 Les mêmes *Amst.* 1723. 2 *vol. in-fol. gr. p.*

2638 Cérémonial François, par Godefroi. *Par.* 1649. 2 *vol. in-fol.*

2639 Le même. *Par.* 1749. 2 *vol. in-fol. gr. p. lav. r.*

2640 Recueil des Rois de France, leurs Couronnes & Maisons, par du Tillet. *Par.* 1718. 3 *tom.* 1 *vol. in-4.*

2641 Histoire de la Pairie de France & du Parlement de Paris. *Lond.* 1753. *in-12.*

2642 De l'Origine & Etablissement du Parlement & autres Jurisdictions, par de Miraulmont. *Par.* 1642. *in-8.*

2643 Les Eloges de tous les Premiers Présidens du Parlement de Paris, par Souliers Blanchard. *Par.* 1645. *in-fol.*

2644 Dissertation Historique & Critique, sur la Chambre des Comptes. *Par.* 1765. *in-4. dor. s.*

2645 Hist. des Ministres d'Etat. *Par.* 1642. 2 *vol. in-fol.*

2646 Hist. Chronologique de la Chancellerie. *Par.* 1710. 2 *vol. in-fol.*

2647 Recueil général des titres concernant les Fonctions des

Trésoriers de France, par Fournival. *Par.* 1655. *in-fol.*

2648 Histoire des Secrétaire d'Etat, par Fauvelet-du-Toc. *Par.* 1668. *in-4.*

2649 Les Antiquités & Recherches de la Grandeur des Rois de France, par Duchesne. *Par.* 1609. *in-8. v. f.*

2650 Mémoires & Advis concernans les Charges de M. les Chanceliers & Gardes des Sceaux, par Ribier. *Par.* 1629. *in-4.*

2651 Traité de la Majorité de nos Rois, par du Puy. *Paris*, 1655. *in-4.*

2652 Traité de la Cour des Monnoyes, par Constans. *Paris*, 1658. *in-fol. gr. p.*

2653 Traités touchant les Droits du Roi, par Dupuy. *Rouen*, 1670. *in-fol.*

2654 La Vérité défendue des Sofismes de la France. *Holl.* 1668. 2 *tom.* 1 *vol. in-12.*

2655 Alex. Patricii Mars Gallicus seu de justitia Armorum & Fœderum Regis Galliæ. 1639. *in-8.*

2656 Le Mars François ou la Guerre de France, en laquelle sont examinées les raisons de la Justice prétendue des Armes & des Alliances du Roi de France. 1637. *in-8.*

2657 Histoire de la Milice Françoise, par Daniel. *Amst.* 1724. 2 *vol. in-4.*

2658 La même. *Par.* 1721. 2 *vol. in-4. gr. p.*

Histoire d'Allemagne & des Pays-Bas.

2659 L'Etat & les Délices de la Suisse. *Amst.* 1730. 4 *vol. in-12. fig.*

2660 An Account of Switzerland. written on the year 1714. *Edinb.* 1756. *in-12. br.*

2661 Hist. de Geneve, par Spon. *Genev.* 1730. 2 *vol. in-4.*

2662 Abrégé Chronologiq. de l'Hist. & du Droit Public d'Allemagne. *Par.* 1754. *in-8.*

2663 Solemnités de l'Election & couronnement de Leopold, Empereur. *Francfort*, 1660. *in-fol.*

2664 Hist. de l'Empereur Charles VI. *Amst.* 1742. 2 *vol. in-12.*

2665 Hist. du Prince Eugene. *Amst.* 1750. 5 *vol. in-12.*

2666 Mémoires de la Colonie, Maréchal de Camp des Armées de l'Electeur de Baviere. *Brux.* 1734. 2 *vol. in-12.*

2667 Mémoires du Marquis Maffey. *La Haye*, 1740. 2 *vol. in-12.*

2668 Mémoires de Melvil. *Edimb.* 1745. 2 *vol. in-12.*

2669 Hist. de la succession de Cleves & Juliers, par Rousset. *Amst.* 1738. 2 *vol. in-8.*

2670 Mémoires pour servir à l'Hist. de Brandebourg. *Berlin*, 1751. *in-4. m. r.*

2671 Histoire de la derniere Guerre de Bohême. *Francof.* 1745. 3 *tom.* 2 *vol. in-12.*

2672 Atlas du Brabant. *in-8. obl.*

2673 Le Grand Théâtre Sacré du Duché de Brabant. *La Haye*, 1730. 4 *vol. in-fol.*

2674 Famianus Strada de Bello Belgico. *Roma*, 1648. 2 *vol. in-12.*

2675 Histoire de la Guerre des Pays-Bas, par Strada. *Brux.* 1727. 4 *vol. in-12.*

2676 Histoire de la Guerre de Flandre, trad. de Strada par Duryer. *Par.* 1645. 2 *vol. in-8.*

2676* Historia della Guerra di Flandria descritta dal Card. Bentivoglio. *Col.* (*Elzev.*) 1635. 3 *vol. in-12.*

2677 Opere del Cardinal. Bentivoglio. *Parigi*, 1645. *in-folio*, *gr. p.* C. M.

2678 Mémoires d'Olivier de la Marche. *Louvain*, 1645. *in-4.*

2679 Tractatus de Imperio ac dignitatibus. *Colonia*, 1675.... Christianissimi Regis in Brabantiæ Ducatum prætentio refutata. *Colonia*, 1677. *in-4.*

2680 Van Papendrecht Analecta Belgica. *Haga Com.* 1743. 6 *vol. in-4.*

2681 Histoire de Cambray & Cambresis, par Carpentier. *Leyd.* 1664. 2 *vol. in-4. fig.*

2682 Description Historiq. de Dunkerque, par Fauconnier. *Bruge*, 1730. *in-fol.*

2683 Les Chartes Nouvelles du pays de Haynnau, par Sortins. *Mons.* 1666. *in-4.*

2684 Les Délices du Pays de Liege. *Liege*, 1738. 5 *vol. in-fol. v. f.*

2685 Description des XVII. Provinces de Hollande. *Par. in-12.*

2686 L'Etat présent de la République des Provinces & des Pays-Bas, par Janiçon. *La Haye*, 1729. 2 *vol. in-12.*

2687 Annales des Provinces-Unies, par Basnage. *La Haye*, 1719. 2 *vol. in-fol. gr. p. v. f.*

2688 Hist. des Provinces-Unies, par Wicquefort. *La Haye*, 1719. *in-fol.*

2689 Hist. des Provinces-Unies, des Pays-Bas, avec des Médailles, par le Clerc. *Amst.* 1723. 2 *vol. in-fol.*

2690 Hist. des Provinces-Unies. *La Haye*, 1704. 4 *vol. in-12.*

2691 Histoire Métallique des Pays-Bas, par Van-Loon. *La Haye*, 1732. 5 *vol. in-fol. gr. p.*

2692 Abrégé de l'Hist. de Hollande. *La Haye*, 1688. *in-12.*... L'Ombre de Charles V. *Colog.* 1688. *in-12. m. r.*

2693 Hist. Abrégée de la Réformation des Pays-Bas, par Brandt. *La Haye*, 1726. 3 *vol. in-12.*

2694 Vie du Prince Maurice, Prince d'Orange, Comte de Nassau. *Amst.* 1654. *in-fol.*

2695 La Vie de Corn. Trompe, Amiral. *La Haye*, 1694. *in-8.*

2696 Hist. de la Vie & de la Mort de Corneille & Jean de Wit. *Utrecht*, 1709. 2 *vol. in-12.*

2697 Avis fidele aux véritables Hollandois. 1683. *in-4. fig.*

2698 La Vie de l'Amiral de Ruyter, par Brandt. *Amst.* 1698. *Amst.* 1698. *in-fol. fig.*

2699 La Vie de Mich. de Ruyter, Amiral. *Amst.* 1677. 2 *vol. in-12.*

2700 Lettres & Négociations entre Jean de Wit aux Cours de France & d'Angleterre, trad. de l'Hollandois par Boreel. *Amst.* 1725. 5 *vol. in-12.*

2701 Le Guide ou Nouvelle Description d'Amsterdam. *Amst.* 1720. *in-12.*

2702 Mémoires du Comte de Guiche, concernant les Provinces-Unies de Pays-Bas. *Utrecht.* 1744. 2 *vol. in-12.*

Histoire d'Angleterre.

2703 Le Guide d'Angleterre. *Amst.* 1744. *in-12.*

2704 Antonini Iter Britanniarum. *Lond.* 1719. *in-4.*

2705 Les Délices de la Grande-Bretagne, par Beeverell. *Leyde*, 1727. 8 *vol. in-12. fig.*

2706 Histoire d'Anglererre, par Rapin Thoyras. *La Haye*, 1724. 15 *vol. in-4.*

2707 La même. *Trevoux*, 1749. 16 *vol in-4.*

2708 Hist. d'Angleterre, par le Chevalier Temple. *Amst.* 1744. *in-12.*

2709 Abrégé de l'Hist. d'Angleterre, par du Port du Tertre. *Par.* 1751. 3 *vol. in-12.*

2710 Historical and Critical Remarks on Burnet's History, by Higgons. *Lond.* 1725. *in-8.*

2711 Hist. des Révolutions d'Angleterre, par le P. d'Orléans. *Amst.* 1714. 3 *vol. in-12.*

2712 Histoire des Révolutions d'Angleterre, par le même. *Par.* 1762. 4 *vol. in-12.*

2713 Histoire de Guillaume III. par Chevalier. *Amst.* 1692. *in-fol.*

2714 La Vie d'Elisabeth, Reine d'Angleterre. *La Haye*, 1741. 2 *vol. in-12.*

2715 La Vie d'Olivier Cromwel. *La Haye*, 1738. 2 *vol. in-12.*

2716 Histoire du Prince Charles, Edouard Stuart. *Basle.* 1748. *in-12.*

2717 Tragicum Theatrum Londini celebratum. *Amst.* 1649. *in-12. fig.*

2718 Représentation des Malheurs horribles qui menacent les Protestans de la Grande-Bretagne.... Le Triomphe de la Liberté par la mort tragique de Charles Stuart, Roi d'Angleterre *Lond.* 1688. *in-12.*

2719 Hist. des derniéres Révolutions d'Angleterre, par Burnet. *La Haye*, 1735. 4 *vol. in-12.*

2720 Hist. de la Rébellion des Guerres Civiles d'Angleterre, par Clarendon. *La Haye*, 1704. 6 *vol. in-12.*

2721 La Vie d'Anne Stuart, Reine d'Angleterre. *Rott.* 1717. *in-12.*

2722 Mémoires du regne de George I. *La Haye*, 1729. 5 *vol. in-12.*

2723 Mémoires de Jean Ker de Kersland. *Amst.* 1727. 3 *vol. in-12.*

2724 La Conduite de Malborough dans la présente guerre. *Amst.* 1714. *in-12.*

2725 Fautes des deux cotez par rapport à ce qui s'est passé depuis peu en Angleterre. *Rotterd.* 1711. *in-8. v. f.*

2726 Historical Collections, by Rushworth. *Lond.* 1659. 6 *vol. in-fol.*

2727 Lettres du Comte d'Arlington au Chevalier Temple. *Utrecht*, 1701. *in-12.*

2728 Mémoires & Lettres de Carleton. *La Haye*, 1759. 3 *vol. in-12.*

2729 Histoire du Ministere du Chev. Rob. Walpool. *Amst.* 1764. 3 *vol. in-12.*

2729 * Rapport du Comité Secret nommé par la Chambre Basse du Parlement de la Grande-Bretagne, par Walpool. *Amst.* 1715. *in-8.*

2730 Mémoires d'Edmond Ludlow. *Amst.* 1699. 2 *vol. in-12. v. f. tr. f.*

2731 Lettres de Filtz-Moritz, trad. de l'Angl. par de Garnezai. *Rotterd.* 1718. *in-12.*

2732 Thomæ Rymer & Rob. Sunderson Fœderæ Conventiones & Acta Angliæ stud. Kolms. *Haga Com.* 1745. 10 *vol. in-fol. C. M. br.*

2733 Historiæ Parliamenti Angliæ Breviarium. *Lond.* 1651. *in-12.*

2734 The Register of the most Noble ordre of the Garter. *Lond.* 1724. 2 *vol. in-fol.*

2735 The Statutes at Large in Paragraphs and sections or numbers, from magna Charta. *Lond* 1706. 3 *vol. in-fol.*

2736 The Institutions Laws & Ceremonies of the Garter, by Ashmole. *Lond.* 1612. *in-fol.*

2737 Williams Oxonia de Picta sive Collegiorum & Aulearum in inclyta Academia Oxoniensi delinatio. *in-fol. C. M.*

2738 Hist. de l'Irlande, par Ma-Geoghegan. *Par.* 1758. *in-4.*

Histoire d'Espagne & de Portugal.

2739 Délices d'Espagne & de Portugal, par de Colmenar. *Leyde*, 1715. 5 *vol. in-12.*

2740 Annales d'Espagne & de Portugal, par le même. *Amst.* 1741. 8 *vol. in-12.*

2741 Les mêmes. 1741. 4 *tom. en* 2 *vol. in-4. gr. p.*

2742 Hist. du Ministere du Cardinal Ximenès, par Marsollier. *Par.* 1739. 2 *vol. in-12.*

2743 Successìon de el Rey D. Phelipe V. en la Corona de Espanna. *Madr.* 1704. *in-fol.*

2744 Hist. des Révolutions d'Espagne, par le P. d'Orleans. *Par.* 1734. 3 *vol. in-4. gr. p.*

2745 Hist. Générale de Portugal, par la Clede. *Par.* 1735. 2 *vol. in-4. v. f.*

2746 Révolutions de Portugal, par de Vertot. *Par.* 1758. *in-12.*

2747 Histoire du Détrônement d'Alphonse VI. Roi de Portugal. *Par.* 1742. *in-12.*

Histoire des pays septentrionaux

2748 Loccenii Rerum Suecicarum Historia. *Holmiæ*, 1654. *in-8.*

2749 Histoire de Suede sous le regne de Charles XII. par Limiers. *Amst*. 1721. 6 *vol. in*-12

2750 Hist. de Gustave-Adolphe, Arckenholts. *Amst.* 1764. 4 *vol. in*-12.

2751 Hist. de Suede sous le regne de Charles XII. par de Limiers. 6 *vol. in*-12.

2752 Hist. de Charles XII. Roi de Suede. *Basle*, 1731. 2 *vol. in* 12.

2753 L'Etat présent de la Suéde, par Robinson. *Amst.* 1720. *in*-12

2754 Le Soldat Suédois. 1634. *in*-8.

2755 Mémoires concernant Christine Reine de Suéde, par Arckenholts. *Amst.* 1761. 2 *vol. in*-4.

2755 * Histoire des Révolutions de Hongrie. *La Haye*, 1739. 5 *vol. in*-12.

2756 Histoire du Ministere du Cardinal Martinusius. *Par.* 1715. *in*-12.

2757 Mémoires du Duc de Wirtemberg. *Amst.* 1711. *in*-12.

2758 Hist. des Rois de Pologne. *Amst.* 1748. 4 *vol in*-12.

2757 Hist. de Sobieski Roi de Pologne, par l'Abbé Coyer. *Par.* 1761. 3 *vol. in*-12.

2760 Mém. de Dannemarc par des Roches. *Par.* 1732. 8 *vol. in*-12.

2761 Mémoires de Hambourg, par du Maurier. *Amst.* 1736. *in*-12.

2762 Hist. de Pierre le Grand, Empereur des Russies. *Amst.* 1742. *in*-4.

Histoire des Monarchies hors de l'Europe.

2763 Hist. de l'Empire Ottoman, par Sagredo, trad. par Laurent. *Par.* 1724. 5 *vol. in*-12.

2764 Les Mœurs & Usages des Turcs, par Guer. *Par.* 1746. 2 *vol. in*-4.

2765 Les mêmes. *Par.* 1746. 2 *vol. in*-4. *gr. p.*

2766 Etat Militaire de l'Empire Ottoman, par le Comte Marsigli. *La Haye*, 1732. *in-fol. fig.*

2767 Recueil de cent Estampes du Levant, par Ferriol. *Par.* 1714. *in-fol. tr. f.*

2768 Histoire générale des Huns, Turcs & Mogols, par Deguignes. *Par.* 1756. 5 *vol. in*-4.

2769 Histoire Générale des Goths, trad. du lat. de Jornandès. *Par.* 1703. *in*-12.

2770 Histoire Généalogique des Tatares. *Leyde*, 1726, 2 *vol. in*-12.

2771 Mémoires sur les Missions des Indes Orientales, par le P. Norbert. *Luques.* 1745. 4 *vol. in*-12.

2772 Histoire de la Guerre de Chypre, par le Pelletier. *Par.* 1685. *in*-4.

2773 Hist. des Révolutions de Perse. *Par.* 1742. 2 *vol. in*-12.

2774 Mogul Tales, or the Dreams of Men Awake: Being. *Lond.* 1743. 2 *vol. in*-12. *fig.*

2775 Histoire de Tamerlan, Empereur des Mogols, par le P. Margat. *Par.* 1739. 2 *tom.* 1 *vol. in*-12.

2775 * Hist. du même. *Par.* 1739. 2 *vol. in*-12. *v. f.*

2776 L'Ambassade de Silva en Perse. *Par.* 1696. *in*-4.

2777 Hist. de Gentchiscan, Conquérant de la Chine, par le P. de Gaubil. *Par.* 1739. *in*-4. *v. f.*

2778 Hist. du Christianisme d'Ethiophie & d'Arménie, par la Croze. *La Haye*, 1739. *in*-12.

2779 Discription Historique du Royaume de Macacar. *Par.* 1688. *in*-12.

2780 Description Historique du Royaume de Macacar. *Ratisb.* 1700 *in*-12.

2781 Le Royaume de Siam, par la Loubere. *Par.* 1699. 2 *vol. in*-12.

2782 La Chine illustrée, par Athan. Kircher. *Amst.* 1670. *in-fol.*

2783 Hist. Universelle de la Chine, par Semedo. *Lyon*, 1667. *in*-4.

2784 N. Mémoires sur l'Etat présent de la Chine, par le P. le Comte. *Par.* 1701. 3 *vol. in*-12.

2785 Ambassade des Provinces-Unies vers l'Empereur de la Chine, par Nieuhoff. *Leyde*, 1665. *in-fol.*

2785 Hist. Naturelle, Civile & Ecclésiastique de l'Empire du Japon, par Scheuchzer. *La Haye*, 1732. 3 *vol. in*-12.

2787 Hist. du Japon, par Charlevoix. *Par.* 1754. 6 *vol. in*-12.

2788 La même Hist. *Par.* 1736. 2 *vol. in*-4. *v. f.*

2789 Ambassade des Provinces-Unies vers les Empereurs du Japon. *Amst.* 1680. *in-fol. fig.*

2790 Nouv. Relation de l'Afrique Occidentale, par Labat. *Par.* 1728. 5 *vol. in*-12.

2791 Description de l'Afrique, par Dapper. *Amst.* 1686. *in-fol.*

2792 Description de l'Egypte, par le Mascrier. *La Haye*, 1740. 2 *vol. in-12.*

2793 The History of the Island of Minorca, by J. Armstrong. *Lond.* 1746. *in-8. fig.*

2794 A. Description of the East and Some other conutries, by Pococke. *Lond.* 1743. 2 *vol. in-fol fig.*

2795 Description de l'Archipel, par Dapper. *Amst.* 1703. *in-folio.*

2796 Histoire de Saladin, par Marin. *Par.* 1758. 2 *vol in-12.*

2797 Relation des Etats de Fez & de Maroc. *Par.* 1726. *in-12.*

2798 Relation Historique d'Abissinie, par le Grand. *Par.* 1728. *in-4. v. f.*

2799 Description du Cap de Bonne-Espérance, par Kolbe. *Amst.* 1741. 3 *vol. in-12.*

2800 Hist. de la Conquête du Mexique, par de Solis. *Paris*, 1700. 2 *vol. in-12.*

2801 Histoire du Paraguai, par le P. Charlevoix. *Par.* 1756. 3 *vol. in-4.*

2802 Histoire de la Conquête du Pérou, par de Zarate. *Par.* 1799. 2 *vol- in-12.*

2803 Histoire de l'Isle Espagnole ou de S. Domingue, par le P. Charlevoix. *Par.* 1730. 2 *vol. in-4.*

2804 La même Histoire. *Par.* 1730. 2 *vol. gr. p. v. f*

2805 Hist. des Découvertes & Conquêtes des Portugais, par Lafitau. *Par.* 1733. 4 *vol. in-12.*

2806 Histoire de l'Isle de Ceylan, par Ribeyro. *Trev.* 1701. *in-12.*

2807 Relation de la France Equinoxiale, par Barrere. *Par.* 1743. *in-12. fig.*

2808 Hist. & Description Générale de la Nouvelle France, par Charlevoix. *Par.* 1744 6 *vol. in-12.*

2809 Histoire Générale des Antilles, par du Tertre. *Paris*, 1671. 4 *tom.* 3 *vol. in-4.*

2810 Histoire de la Nouvelle France, par Lescarbot. *Par.* 1612. *in-8.*

2811 Histoire de la Nouvelle France, par le P. Charlevoix *Par.* 1744. 6 *vol. in-12.*

2812 La même. *Par.* 1744. 3 *vol. in-4.*

Histoire Héraldique & Généalogique.

2813 Traité de la Nobleſſe, par de la Rocque. *Rouen*, 1710. *in-4.*

2814 L'Art Héraldique, par Playne. *Par.* 1718. *in-12.*

2815 Le vrai Théâtre d'honneur & de Chevalerie, par de la Colombiere. *Par.* 1648. 2 *vol in-fol.*

2816 N. Deſſeins pour la Pratique de l'Art Héraldique, par Mavelot. *in-4.*

2817 La Vraie & Parfaite Science des Armoiries, par Palliot. *Dijon*, 1660. *in-fol.*

2818 Généalogies Hiſtoriq. des Rois, Empereurs & Maiſons Souveraines, &c. par Chazot. *Par.* 1736. 4 *vol. in-4.*

2819 Les Souveraines du Monde. *Par.* 1734. 5 *vol. in-12.*

2820 Science Héroïque, par de la Colombiere. *Par.* 1699. *in-fol.*

2821 Les Blaſons des Armes de la Royale Maiſon de Bourbon, par de la Rocque. *Par. in-fol. enlum. m. r.*

2822 Principum Chriſtianorum Stemmata ab Albizio Nobili Florentino Collecta. *A gent. in-fol.*

2823 Armorial de la Ville de Paris enluminé, par Chevillard. *in-fol*

2824 Nobiliaire de Picardie, par Haudicquer de Blancourt. *Par.* 1693. *in-4.*

2825 Recueil de pluſieurs Maiſons illuſtres de Picardie, par la Morliere. *Amiens*, 1630. *in-4.*

2826 Hiſt. Généalogique de la Maiſon d'Auvergne, par Juſtel. *Par.* 1645. *in-fol. d. ſ. t.*

2827 Hiſt. de la Maiſon de Turenne, par le même. *Par.* 1645. *in-folio.*

2828 Hiſt. Généalogique de la Maiſon des Chaſteigners, par Ducheſne. *Par.* 1634. *in-fol.*

2829 Hiſt. de Montmorency, par Deſormeaux. *Par.* 1764. 5 *vol. in 12.*

2830 Hiſt. de la Maiſon de Mailly. *Par.* 1757. *in-fol. m. r. à dentelles.*

2831 Hiſt. Généalogiq. de la Maiſon de Surgeres en Poitou, par Valart. *Par.* 1718. *in fol.*

2832 Généalogie des Seigneurs de la Dufferie, par d'Hozier. *Par.* 1662. *in-fol.*

2833 Les Blaſons & Armes de la Province de Languedoc, par du Mole. *in-fol.*

2834 Généalogie de la Maison de Chastellard. *in-fol. m. r.*

2835 Bucelini Germania Topo-Chrono-Stemmato-Graphica Sacra & Profana. *Aug. Vendel.* 1660. 3 *vol. in-fol.*

2836 Delfii Opera Historica omnia Burgundica, Austriaca, Belgica *Lovan.* 1651. *in-fol.*

2837 Généalogie des Comtes de Nassau. *Leide.* 1525. *in-fol.*

2838 Miroir des Nobles de Hasbaye, par Hemricourt. *Brux.* 1873. *in-fol.*

2839 Histoire de la Maison de Luxembourg, par Vigner. *Par.* 1617. *in-12.*

2840 Origine de la Maison de Sohier. *Leyde*, 1670. *in-folio, gr. p.*

2841 Généalogie des Comtes de Flandre, par de Wrée. *Bruges*, 1644. 2 *vol. in-fol.*

2842 Les Marques d'honneur de la Maison de Tassis. *Antv.* 1645. *in-fol.*

2843 Histoire Abrégée de la Maison Palatine, par Schannat. *Francof.* 1740. *in-12.*

2844 Historia Genealogica de la Casa de Silva por de Salazar y Castro. *Mad.* 1685. 2 *vol. in-fol.*

2845 Im-hoff Regum rariumque Magnæ Britanniæ Historia Genealogica. *Norimb.* 1690. *in-fol.*

Antiquités.

2846 Pitisci Lexicon Antiquitatum Romanarum. *Leov.* 1713. 2 *vol. in-fol.*

2847 Ejusd. Pitisci. *Hag. Com.* 1738. 3 *vol. in-fol.*

2848 Thesaurus Antiquitatum & Historiarum Italiæ Mari Ligustico, & Alpibus Vicinæ collect. stud. Georg. Grævii cum figuris. *Lugd. Bat.* 1704. 42 *tom. en* 38 *vol. in-fol.*

2849 L'Antiquité expliquée & représentée en figures, avec le Supplément, par Bernard de Montfaucon. *Par.* 1719. 15 *vol. in-fol. gr. p. v. f.*

2850 Rosini Antiquitatum Romanarum corpus absolutissimum cum notis Dempsteri. *Amst.* 1685. *in-4.*

2851 Hyde Religio veterum Persarum. *Oxon.* 1700. *in-4. fig.*

2852 Ejusd. Hyde. *Oxon.* 1760. *in-4. v. tr. f.*

2853 Le Antichita d'Aquileja Profane e Sacre da Bertoli. *Venez.* 1730. *in-fol.*

2854 Pignori Mensa Isiaca. *Amst.* 1664. *in-4. fig.*

2855 Postelli de Magistratibus Atheniensium Liber. *Basil. in-8. v. f. d. f. t.*

2856 Réponse à l'Hist. des Oracles de Fontenelle. *Strasbourg*, 1707. 2 *vol. in-8.*

2857 Hist du Commerce & de la Navigation des Anciens, par Huet. *Par.* 1727. *in-8*

2858 P. Petiti de Amazonibus Dissertatio. *Paris.* 1685. *in-12.*

2859 Traité Historiq sur les Amazones, par Petit. *Leyde.* 1718. *in-12.*

2860 Ludii Syntagma Sacrum de re Militari. *Dordr.* 1698. *in-4.*

2861 Discours de la Religion des anciens Romains, par du Choul. *Lyon*, 1581. *in-4.*

2862 Le imagini de i Dei degli Antichi, raccolte del Cartari. *Venet.* 1587. *in-4.*

2863 Explication Nouvelle de l'Apothéose d'Homère, par Schot. *Amst.* 1714. *in-4.*

2864 El. Schedius de Diis Germanis. *Amst.* 1648. *in-8.*

2865 Burmanni Vectigalia Populi Romani. *Leyde*, 1734. *in-4.*

2866 Inscriptionum Antiquarum Græcarum & Romanarum quæ exstant in Etruriæ Urbibus cum notis Salvinii cura & studio Gorii. *Florent.* 1727. 3 *vol. in-fol.*

Histoire Metallique, ou Médailles, Monnoies, &c.

2867 Discours sur les Médailles & Gravures Antiques, par Ant. le Pois. *Par.* 1579 *in-4.*

2868 Morellii Specimen Universæ Rei Nummariæ Antiquæ. *Paris.* 1685. *in-8. m. r.*

2869 Explication d'une Médaille énigmatique d'Auguste. *Berl.* 1711. *in-4. v. f.*

2870 Sperlingii Dissertatio de Nummis non Cusis tam veterum quam recentiorum. *Amst.* 1700. *in-4.*

2871 Gotha Nummaria, sistens Thesauri Fredericiani Numismata Antiqua Aurea, Argentea & Ærea. *Amst.* 1730. *in-folio, v. f. t. f.*

2872 De Bie Numismata Aurea. *Amst. in-4.*

2873 Ezech Spanhemii de usu & præstantia Numismatum Antiquorum. *Lond.* 1717. 2 *vol. in-fol. C. M.*

2874 Banduri Numismata Imperatorum Romanorum. *Paris.* 1718. 2 *vol. in-fol.*

2875 Ejusd. Banduri. *Parif.* 1718. 2 *vol. in-fol. C. M.*

2876 Vaillant Numifmata Imperatorum, Auguftarum & Cæfarum. 1700. *in-fol.*

2877 Vaillant Numifmata Ærea Imperatorum Auguftar. & Cæfarum in Coloniis, Municipiis & Urbibus jure Latino donatis. *Parif.* 1693. *in-fol.*

2878 Mediobarbi Imperatorum Romanorum Numifmata. *Mediol.* 1682. *in-folio.*

2879 Thefaurus Morellianus five Familiarum Romanarum Numifmata omnia cum Comm. Havercampi. *Amft.* 1734. 2 *vol. in-fol. C. M. v. f.*

2880 Bellorii Romani adnotationes in XII. priorum Cæfarum Numifmata. *Romæ.* 1730. *in-fol.*

2881 Harduini de Nummis Antiquis coloniarum & municipiorum ad J. Foy Vaillant. *Parif.* 1689. *in-4.*

2882 Traité Hiftorique des Monnoies de France, par le Blanc. *Par.* 1639. 2 *vol. in-4.*

2883 Le même. *Amft.* 1692. *in-4.*

2884 Differtation fur douze Médailles des Jeux Séculaires de l'Empereur Domitien, par Rainffant. *Verfaill.* 1684. *in-4. v. f.*

2885 Differtations du P. Chamillart fur plufieurs Médailles & Pierres gravées de fon Cabinet. *Par.* 1711. *in-4. m. r.*

2886 La France Métallique, par de Bie. *Par.* 1634. *in-fol.*

2887 Médailles fur les principaux Evénemens du regne de Louis le Grand, avec des Explications Hiftoriques. *Par.* 1702. *in-fol. v. f*

2888 Les mêmes. *Par.* 1623. *in-fol. m. r.*

2889 Médailles du Cabinet de la Reine Chriftine, par Havercamp. *La Haye.* 1742. *in-fol. gr. p. v. f.*

2890 Tractatus varii atque utiles de monetis, earumque mutationes. *Colon.* 1573. *in-8.*

2891 Bernardi de Menfuris & Ponderibus Antiquis Libri III. *Oxon.* 1688. *in-8.*

2892 Tables of Ancient Coins Weights and Meafures, by Arbuthnot. *Lond.* 1727. *in-4. gr. p.*

Defcriptions d'Anciens Monumens & Edifices, &c.

2893 Effai fur les Hieroglyphes des Egyptiens, trad. de Warburthon. *Par.* 1744. 2 *vol. in-12.*

2895 Raphaëlis Fabretti de Columna Trajana Syntagma. *Romæ.* 1683. *in-fol.*

2896 Les Ruines de Palmyre autrement dite Heliopolis dans la Cœlosyrie. *Lond.* 1757. *in-fol.*

2897 Nicolai de Sepulchris Hebræorum. *Lugd.* 1706. *in-4.*

2898 Observations sur les Antiquités de la Ville d'Herculanum, par Cochin. *Par.* 1754. *in-12. m. r.*

2899 Roma Sotterranea Opere Postuma di Ant. Bosio. *Roma.* 1650. 2 *vol. in-4.*

2900 Ciampini Romani Vetera Monumenta. *Romæ.* 1747. 3 *vol. in-fol.*

2901 Roma Subterranea. *Lutet.* 1680. *in-fol.*

2902 Suaresii Prænestes Antiquæ Libri II. *Romæ.* 1655. *in-4.*

2903 Tabula Antiatina e ruinis veteris Antii nuper Effosa interpret. & not. J. Rocco Vulpio. *Romæ.* 1726.... Prosperi Parisii rariora magnæ Græciæ Numismata. 1683. *in-fol. fig.*

2904 Veteris Latinis Antiqua vestigia urbis Mænia. *Romæ.* 1751. *in fol. obl.*

2905 Adriani Relandi de spoliis Templi Hierosolimitani in Arcu littano, Romæ conspicuis liber singularis. *Traj. ad Rhen.* 1716. *in-12 fig*

2906 Plusieurs Monumens de Rome Ancienne, par Barbault. *Rome.* 1761. *in-fol. gr. p*

2907 Les Edifices Antiques de Rome, par Desgodetz. 1682. *in-fol. fig.*

2908 Balduini Calceus Antiquus & Mysticus & Jul. Nigronus de Caliga veterum cum observation. Nilant. *Lugd. Bat.* 1711. *in-8.*

2909 L'Antifiatro Flavio descritto e deliniato dal Fontana. *Haiæ.* 1725. *in-fol. C. M.*

2910 Hist. des Grands Chemins de l'Empire Romain, par Bergier. *Par.* 1622. *in-4.*

2911 Hist. des Grands Chemins & l'Empire Romain, par le même. *Brux.* 1736. 2 *vol. in-4.*

2912 La même. 2 *vol. in-4. gr. p.*

Diverses Antiques, Pierres gravées, Cachets, &c.

2913 Pierres Antiques gravées par Picart, Expliquées par Stosch, en Lat. Fr. trad. par Limiers. *Amst.* 1724. *in-fol gr. p. m. r.*

2914 Ebermayer Gemmarum Affabre Sculptarum Thesaurus. *Norimb.* 1720. *in-fol.*

2916 Imagines & Elogia virorum illustrium & eruditor. ex Antiquis Lapidibus & Numismatib. expressa cum annotationib. ex Bibliotheca Fulvi Ursini. *Romæ.* 1620. *in-fol.*

2917 Images des Héros & des Grands Hommes de l'Antiquité, par Canini, gravées par Picart. *Amst.* 1731. *in-4.*

2918 Bartoli Lucernæ veterum Sepulchrales Iconicæ cum observation. Bellorii. *Colon.* 1702 *in-fol.*

2919 Traité de la Méthode Antique de graver en Pierres fines, comparée avec la Méthode moderne, par Natter. *Lond.* 1754. *in-fol.*

2920 Bartoli Museum Odescalchum, sive Thesaurus Antiquarum Gemmarum. *Romæ.* 1751. *in-fol. v. f. t. f.*

2921 Le Cabinet de la Bibliotheque de Sainte Genevieve, par du Molinet. *Par.* 1692. *in-fol.*

Histoire Littéraire.

2922 Mabillon de Re Diplomatica Libri VI. & supplementum. *Lutet.* 1681 & 1705. 2 *vol. in-fol.*

2923 Walteri Lexicon Diplomatum abreviationes syllabarum & vocum in Diplomatibus & codicibus à seculo VIII. ad XVI. usque occurentes exponens. *Ulmæ*, 1756. 2 *vol. in-fol. C. M.*

2924 Mazochii Commentariorum in Regii Herculaniensis Musei Æneas Tabulas Herculenses. *Neapoli.* 1754. *in-fol.*

2925 Hist. de l'Imprimerie & de la Librairie. *Par. La Caille.* 1689. *in-4.*

2926 L'Origine de l'Imprimerie de Paris, par Chevillier. *Par.* 1694. *in-4.*

2927 Histoire de l'origine & des premiers progrès de l'Imprimerie, par Prosp. Marchand. *La Haye.* 1740. *in-4.*

2928 Maittaire, Annales Typographici ab Artis inventæ. *Hagæ Com.* 1719. 7 *vol. in-4.*

2929 Jansonii ab Almeloveen de Vitis Stephanorum. *Amst.* 1683. *in-8.*

2930 Hist. & Mémoires de l'Académie des Inscriptions & Belles-Lettres. *Par.* 1717 & suiv. 30 *vol. in-4. fig.*

2931 Histoire & Mémoir. de l'Académie des Sciences depuis 1666 jusqu'à 1756. *Par.* 1766. & suiv. 72 *vol. in-4.*

2932 Hist. de l'Académie Royale des Sciences & Belles-Lettres. *Berl.* 1756. 8 *vol. in-4.*

2933 Transactions Philosophiques de la Société Royale de

Londres depuis 1731 jusqu'en 1736, avec les Tables par Bremond. *Par.* 1739. 4 *vol. in*-4.

2934 Opuscula omnia Actis Eruditorum Lipsiensibus inserta. *Venet.* 1741. 2 *vol. in*-4.

Bibliographes.

2935 Bibliothéque Curieuse, Historiq. & Critiq. par Clement. *Gott.* 1750. 6 *vol. in*-4. *br.*

2936 Jugement des Sçavans, par Baillet, augmentés par de la Monoye. *Amst.* 1725. 17 *vol. in*-12.

2937 Bibliothéque de la Croix du Maine. *Par.* 1584. *in-fol.*

2938 Bibliothéque Franç. par Goujet. *Par.* 1741. 16 *vol. in*-12.

2939 Bibliothéq. Historiq. Critiq. des Auteurs de la Congrégation de S. Maur, par le Cerf. *La Haye*, 1726. *in*-12.

2940 Hist. Littéraire de la France, par D. Rivet & autres. *Par.* 1733. 11 *vol. in*-4.

2941 G. Cave Historia Litteraria Script. Ecclesiast. *Basil.* 1715. 2 *vol. in-fol.*

2942 Le Journal des Sçavans, par Salo, depuis 1665 jusqu'à 1759. 88 *vol. in*-4.

2943 Journal de Trevoux, depuis 1701 jusq. 1762. 301 *vol. in*-12.

2944 Jugemens sur quelques Ouvrages nouveaux, par de la Fontaines. *Avign.* 1744. 11 *vol. in*-12.

2945 Observations sur la Littérature Moderne, par l'Abbé de la Porte. *Lond.* 1752. 11 *vol. in*-12.

2946 Le Nouveliste du Parnasse, ou Réflexions sur les Ouvrages nouveaux. *Par* 1731. 3 *vol. in*-12.

2947 Voyage en l'autre monde. *Lond.* 1753. *in*-12.

2948 Les cinq Années Littéraires de Clément. *Par.* 1754. 2 *vol. in*-12.

2949 Mémoir. de Littérature, par Sallingre. *La Haye*, 1716. 6 *vol. in*-12.

2950 Hist. Critiq. des Journaux, par Camusat. *Amst.* 1734. 2 *vol. in*-12.

2951 Mélanges d'Histoire & de Littérature, par de Vigneul Marville. *Par.* 1725. 3 *vol. in*-12.

2952 N. Mémoir. d'Histoire, de Critiq. & de Littérature, par l'Abbé d'Artigny. *Par.* 1749. 6 *vol. in*-12.

2953 Bibliothéque Choisie de Colomiès. *Amst. in*-12.

2954 Bibliotheca Bentesiana. *Amst.* 1702. *in*-4.

2955 Hist. d'un Voyage Littéraire fait en 1733, par Jordan. *La Haye*, 1736. *in-12.*

2956 Essais sur de divers Sujets de Littérature & de Morale, par Trublet. *Par.* 1749. 2 *vol. in-12.*

2958 Index Librorum prohibitorum expurgandorum pro Catholicis. *Madr.* 1667. *in-fol.*

2959 Possevini Apparatus Sacer. *Venet.* 1606. 2 *vol. in-fol.*

2960 Calvoli Bibliotheca volante. *Venezia.* 1734. *in-4.*

2961 Bibliotheca Telleriana. *Paris.* 1693. *in-fol.*

2962 Montfaucon Bibliotheca Bibliothecarum Manuscriptorum nova. *Paris.* 2 *vol. in-fol.*

2963 Les Hommes Illustres qui ont vécu dans le XVII. siécle, par Van-Hulle. *Amst.* 1717. *in-fol. v. f. tr. f.*

2964 Les Hommes Illustres qui ont paru en France, par Perault. *Par.* 1696. *in-fol.*

2965 Hommes Illustres de France, par d'Auvigny, Perau & autres. 1739. & suiv. 23 *vol. in-12.*

2966 Mémoires pour servir à l'Hist. des Hommes illustres de Provence, *Par.* 1752. *in-12.*

2967 La Vie de Descartes. *Par.* 1691. *in-4.*

2968 Vie de Pierre Gassendi. *Par.* 1737. *in-12.*

2969 Vie de M. Bossuet, par Burigny. *Par.* 1761. *in-12.*

2970 Hist. de la Vie & des Ouvrages de la Croze. *Amst.* 1741. *in-12.*

2971 Vie de l'Abbé de Choisy. *Genev.* 1740. *in-8.*

2972 Vite di piu excellenti Pittori, Scultori, & Architetti di Vasari. *Bolog.* 1648. 3 *vol. in-4.*

2973 Felsina Pittrice Vite de Pittori Bolognesi. *Bologna.* 1678. 2 *vol. in-4.*

2974 Æliani Variæ Historiæ Gr. & Lat. curante Gronovio. *Amst.* 1731. 2 *vol. in-4.*

2975 Eædem Æliani. *Amst.* 1731. 2 *vol. in-4. C. M.*

2976 Valerii Maximi Dictorum factorumque memorabilium cum not. integris Perizonii. *Leidæ.* 1726. *in-4.*

2977 Valerius Maximus. *Amst.* 1625. *in-24.*

2978 Mémoires Historiq. Politiq. Critiq. & Littéraires, par Amelot de la Houssaye. *La Haye*, 1737. 3 *vol. in-12.*

2979 Hofmanni Lexicon Universale Historiam Sacram & Profanam. *Lugd. B.* 1698. 4 *vol. in-fol. v. f. tr. f.*

2980 Dictionn. Histor. de Louis Morery. *Par.* 1712. 5 *vol. in-fol.*

S

2980 * Le même Dictionn. avec Supplement de l'Abbé Goujet inséré dedans. *Amst.* 1740. 8. *vol. in-fol.*

2981 Dictionn. Histor. & Critiq. par Bayle. 1756. 5 *vol. in-folio.*

2982 Le même. *Amst.* 1740. 4 *vol. in-fol.*

2983 Supplément au Dict. de Bayle, par Chauffepié. *Amst.* 1756. 4 *vol. in-fol.*

2984 Dictionn. Historiq. & Critiq. par Prosp. Marchand. *La Haye*, 1758. *in-fol.*

SUPPLEMENT.

THÉOLOGIE.

2985 N. J. C. Testamentum. *Lutet.* 1703. 2 *vol. in-12. m. n.*

2986 Thalmud Babylonicum Hebraïce cum Comm. Raſſchi & aliorum Hebr. *Amst. Emman. Ben. Beniſti.* 1644. 14 *vol. in-fol.*

2987 Margarini de la Bigne Bibliotheca Maxima veterum Patrum & Antiquorum Scriptorum Ecclesiasticorum in lucem edita stud. & Opera Despont. *Lugd.* 1677. 27 *vol. in-fol. vel.*

2988 N. le Noutry Apparatus ad Bibliothecam Maximam veterum patrum. *Paris.* 1715. *tom.* 2. *in-fol.*

2990 S. Hieronymi Opera. *Paris.* 1546. 9 *tom.* 4 *vol. in-fol.*

2991 P. P. Gab. Antoine Theologia Universa, speculativa & dogmatica. *Paris.* 1742. 7 *vol. in-12.*

2992 Breviarium Rotomagense Autor. DD. de Treſſan. *Rotomagi.* 1736. 4 *vol. in-12.*

2993 Catéchiſme de Montpellier. *Par.* 1753. 3 *vol. in-12.*

2994 Sermons du P. Bourdaloue pour le Carême & l'Avent. *Par. Regaud.* 1707. 4 *vol. in-8.*

2995 Exhortations & Instructions Chrétiennes, par le même. *Par. Rigaud.* 1723. 2 *vol. in-12.*

2996 De Imitatione Christi Libri IV. *Colon.* 1684. *in-32. m. r.*

2997 De Imitatione Christi Libri IV. ex recenſ. Valart. *Paris.* 1758. *in-12. v. ſ. d. ſ. t.*

2998 L'Imitation de Jesus-Christ en vers François, par Corneille. *Bruſſ.* 1704. *in-12. fig. d. ſ. tr.*

2999 J. Gerhardi Meditationes Sacræ. *Amst.* 1633. *in-24. m. b.*

3000 Manuel de Méditations dévotes, par le P. Buſée. *Par.* 1638. *in-24. m. r.*

3001 De la Sainteté & des Devoirs de la vie Monastique, par l'Abbé de la Trape. *Brux.* 1684. 2 *vol. in-8.*

3002 Explication du Mystere de la Passion de N. S. J. C. suivant la Concorde, par Duguet. *Par.* 1728. 2 *vol. in*-12.

3003 Lessii de Providentia numinis & animi immortalitate Libri II. adversus Atheos & Politicos. *Antv.* 1613. *in*-8.

3004 P. F. Arpe Theatrum fati, sive notitia scriptorum de Providentia, Fortuna & Fato. *Rotterd.* 1712. *in*-8.

3005 L'Examen de soi-même pour bien se préparer à la Communion, par Claude. *La Haye*, 1693. *in*-12.

3006 L'Accomplissement des Prophéties ou la Délivrance prochaine de l'Eglise. *Rotterd.* 1686. 2 *vol. in*-12.

3007 Essai des merveilles de Dieu en l'harmonie des temps, par d'Espagnac. *Lond.* 1657. *in*-12.

3008 G. Bulli Defensio fidei Nicænæ. *Oxon.* 1688. *in*-4.

3009 Métamorphoses de la Religion Romaine, par Aymon. *La Haye*, 1700. *in*-12.

3010 Le Systême des Théologiens Anciens & Modernes, sur l'état des ames séparées des corps. *Lond.* 1739. 2 *tom.* 1 *vol. in*-12.

3011 [illegible]e. *mss. in*-4.

DROIT.

3012 Paraphrase du Commentaire de Dumoulin sur les Regles de la Chancellerie Romaine, par Castel. *Par.* 1700. *in-fol.*

3013 Extraits des Assertions dangereuses & pernicieuses en tout genre que les soi-disant Jésuites ont enseignées. *Par.* 1763. *in*-4.

3014 Code des Paroisses, par le P. Bernard. *Par.* 1746. 2 *vol. in*-12.

3015 Droit de la Nature & des Gens, par Puffendorf, trad. par Barbeyrac. *Lond.* 1740. 3 *vol. in*-4.

3016 Loix Forestieres de France, par M. Pecquet. *Par.* 1753. 2 *vol. in*-4.

SCIENCES ET ARTS.

3017 Gometii Pereyræ Antoniana Margarita Opus nempè Physicis *Methymnæ Campi de millis.* 1554. *in-fol. m. r.*

3018 Les Œuvres Morales de Plutarque, trad. d'Amiot. *Par. Fascosan.* 1574. 6 *vol. in*-8.

3018 * Discours Politiques & Militaires de la Noue. 1588. 2 *vol. in*-12. *v. f.*

3019 Naufrage des Isles Flottantes par Pilpai. *Par.* 1753. 2 *vol. in*-12.

3020 Dictionn. Univerf. de Commerce, par Savary. *Par.* 1741. 3 *vol. in-fol.*

3021 Traité d'Optique, par Newton, trad. par Coste. *Amst.* 1720. *in*-12.

3022 Chroa-Genesie ou Génération des couleurs contre le Systême de Newton, par Gautier. *Par.* 1750. 2 *vol. in*-12. *m. r.*

3023 Abrégé de l'Essai de Locke sur l'Entendement humain, par Bosset. *Lond.* 1751. *in*-12.

3024 Discours sur l'Origine & les Fondemens de l'Inégalité parmi les Hommes, par J. J. Rousseau. *Amst.* 1755. *in*-8.

3025 Histoire admirable de la Possession & Conversion d'une Pénitente, séduite par un Magicien. *Par.* 1613. *in*-12.

3026 J. Nidani Artis Cabalisticæ. *Basil.* 1587. 2 *tom.* 1 *vol. infol.*

3027 La Physique des Arbres, par Duhamel du Monceau. *Par.* 1758. 2 *vol. in*-4.

3028 Des Semis & Plantations des Arbres & de leur Culture, par le même. 1760. *in*-4.

3029 Elémens de Botanique, par Tournefort, fig. gravées par J.B. Joubert, le Discours manque. *Par. Impr. R.* 2 *vol. in*-8. *gr. p.*

3030 Description des Plantes de l'Amérique, par le P. Plumier. *Par.* 1693. *in-fol. gr. p.*

3031 Abrégé de l'Histoire des Insectes. *Par.* 1764. 2 *vol. in*-12. *figur.*

3032 Observations sur les Causes & les Accidens de plusieurs Accouchemens laborieux, par M. Levret. *Par.* 1747. *in*-8.

3033 J. Vossii variarum Observationum Liber. *Lond.* 1685. *in*-4.

3034 Verhoeven Rerum amorsortiarum scriptores duo inediti. *Lugd. Bat.* 1693. *in*-4.

3035 Architecture Hydraulique, par Belidor. *Par.* 1737. 4 *vol. in*-4.

3036 Les vraies Centuries & Prophêties de Nostradamus. *Leyde*, 1650. *in*-12.

3037 Les mêmes. *Lyon. in*-24.

BELLES-LETTRES.

3038 G. O. Reizii Belga græcissans. *Roterd.* 1738. *in*-8.

3039 Les vrais Principes de la Langue Françoise, par Girard. *Par.* 1747. *in*-12.

3040 Dictionn. Poëtique portatif. *Par.* 1759. *in*-8.

3041 Anacreontis Carmina Gr. & Lat. cum notis de Pauw. *Traj. ad Rhen.* 1732. *in*-4.

3042 Catullus Tibullus & Propertius cum integris Commentariis Scaligeri & variorum selectis notis ex recensione Grævii. *Traj. ad Rhen.* 1680. 2 *vol. in*-8. *v. f. tr. f.*

3043 Th. Bezæ Vezelii Poëmata. *Lugd. Bat.* 1757. *in*-12. *v. f. d. f. tr.*

3044 J. Wallii Poëmatum Libri IX. *Antv.* 1657. *in*-12.

3045 La Legende joyeuse ou les cent une Leçons de Lampsaque, gravées. *Lond.* 1749. *in*-12. *m. à dent.*

3046 Le Pere de Famille, Comédie en V Actes & en prose, par M. Diderot. *Amst.* 1758. *in*-8.

3047 Recueil Général des Opéra. *Par.* 1703. 16 *vol. in*-12.

3048 Fr. J. Desbillons Fabularum Æsopiarum Libri V. *Paris.* 1759. *v. f. d. f. t.*

3049 Recueil des Brevets du Regiment de la Calotte, tant en vers qu'en prose. 2 *vol. in*-4 *m. m. f.*

3050 Anecdotes Secretes pour servir à l'Hist. Galante de la Cour de Pekin. *Pekin.* 1747. *in*-12.

3051 Petronii Arbitri Satyricon cum not. Bourdelotii. *Lugd. B.* 1645. *in*-12.

3052 J. Jensii Lectiones Lucianeæ. accedit ad Grævium. *Hag. Com.* 1699. *in*-8.

3053 Volgarizzamento di Saggi sopra diverse Materie si Litteratura è di Morale del Ab. Trublet. *Firenze.* 1753. 2 *vol. in*-12.

HISTOIRE.

3054 Introduction à la Géographie, par Sanson. *Par.* 1717. *in-fol. gr. p.*

3055 La Géographie Ancienne & Moderne, par d'Audiffret. *Par.* 1689. 3 *vol. in*-4.

3056 Atlas de Jaillot. *Par.* 1684. *in-fol. gr. p.*

3057 Relation Historique d'un Voyage fait au Mont de Sinaï & à Jérusalem, par Morison. *Toul.* 1704. *in*-4.

3058 Les Figures & Abrégé de la Vie, de la Mort & des Miracles de S. François de Paule, par Dondé. *Par.* 1671. *in-fol.*

3059 Histoire des Juifs, par Prideaux. *Par.* 1727. 7 *vol. in*-12.

3060 Pausanias ou Voyage Historique de la Grece, par Gedoyn. *Amst.* 1733. 4 *vol. in*-12.

3061 Arriani de Expeditione Alexandrini Libri VII. opera Gronovii. *Lugd. Bat.* 1704. *in-fol.* C. M.

3062 C. J. Cæsaris cum notis & animadversionibus Vossii & Davisii. *Lugd. Bat.* 1713. *in*-8.

3062 L. Annæi Flori. *Lugd. Bat. Elzev.* 1638. *in*-12.

3064 Description de la France, par Piganiol de la Force. *Par.* 1722. 8 *vol. in*-12.

3065 Commentaires de l'Etat de la Religion & République sous les Rois Henri & François II, & Charles IX (par J. de la Place.) *in*-8

3066 Mémoir. du Duc de Sully, par l'Abbé de l'Ecluse. *Lond.* 1747. 3 *vol. in*-4. *gr. p. v éc. d. s. tr.*

3067 Mémoir. de M. de S. H. (Hilaire) contenant ce qui s'est passé de plus considérable depuis le décès du Card. Mazarin. *Amst.* 1766. 4 *vol. in*-12.

3068 Recueil de Piéces concernant la Compétance de l'Amirauté de France. *Par.* 1759. *in*-12.

3069 Etat Abrégé des Loix, Revenus, Usages & Productions de la Grande-Bretagne. *Lond.* 1757.... Les Mœurs Angloises ou Appréciation des Mœurs & des Principes qui caractérisent actuellement la Nation Britannique. *La Haye*, 1758. *in*-8.

Lû & approuvé le 5 Mars 1768.

N. M. TILLIARD, Adjoint

Monsieur Capperonnier Professeur Royal pour le Grec a la Bibliotheque du Roy

www.ingramcontent.com/pod-product-compliance
Ingram Content Group UK Ltd.
Pitfield, Milton Keynes, MK11 3LW, UK
UKHW022109190726
13855UKWH00002B/731

9 782013 079198